あふれる情報におぼれる前に今すべきこと

私だけの選択をする22のルール

ハヤカワ五味

KADOKAWA

はじめに

私が〝ハヤカワ五味《ごみ》〟と名乗るようになったのは２０１０年のこと。まだ15歳のときでした。

それから3年後の18歳でランジェリーブランド「ｆｅａｓｔ　ｂｙ　ＧＯＭＩ　ＨＡＹＡＫＡＷＡ」を立ち上げ、その後すぐに起業。多摩美術大学の学生でありながら、株式会社ウツワの代表取締役社長として会社を経営してきました。そのなかで「ｆｅａｓｔ」のリブランディングを行うと同時に、お姉さん向けランジェリーブランド「ｆｅａｓｔ　ｓｅｃｒｅｔ」やワンピースブランド「ダブルチャカ」を新たに立ち上げて購買層を拡大。２０１７年には、ラフォーレ原宿に旗艦店をオープンすることもできました。

24歳となる現在は、これまでの活動と並行して、テレビやラジオのパーソナリティや生理用品にまつわるプロジェクトにも携わっています。

そして来年には、ハヤカワ五味としての活動も10年の節目を迎えます。

こうして自分の軌跡を振り返ってみると、普通の人より少し駆け足にさまざまなことを経験したような気もします。

私を知っている人の目には、どのように映っているのでしょうか。

私のことを知らない人は、どのような印象を抱くのでしょうか。

肩書きだけ見れば、順風満帆な人生と思われるかもしれません。

ですが、実際は悩みの連続でした。

小さな頃から両親とは不仲で、まともな会話をしたことはほとんどありません。小学生のときは、教師や同級生の親からいじめを受けて心を閉ざすように。中学生になってからは自分の性格や身体へのコンプレックスに苛《さいな》まれました。大学生で起業した後は、学業と仕事の両立に苦しみ、こんな生活はやめようと何度も投げ出しかけました。

ところが最近は、こうした悩みから解放されるようになったのです。しかも、あるひとつの行動を見直しただけで。

それが、**この本のテーマとなる〝選択〟**です。

正直な話、私は自ら選択して何かを得てきたことが少なかったように思います。大学受験のときも、起業したときも、私がこれまでの人生において成し遂げてきた多くのものが、自らの意思で選んだものばかりではありませんでした。他人の期待に応えるためであったり、その場の勢いだけで決めていた部分が少なからずあったように感じます。

でも、そうした意思決定ばかりしていると、最後の最後で踏ん張りがきかないことに気づきました。十分に納得していないからこそ、成果が出なかったときには「私が決めたわけじゃないし」とすぐ逃げの思考に陥ってしまう。これは私だけではなく、どんな人にも起こり得ることだと思っています。

20世紀半ばまでは、女性の参政権がなかったり、「そもそも選択肢がないこと」が悩みであったけれど、現在は**「選択肢のなかから選ぶことができない」という苦悩**が新たに生まれました。

たとえば2010年代は、スマートフォンの普及によって過去に類を見ないほど情報量が激増しました。一説には2020年までの10年で40倍にまで膨れ上がると言われています。

それだけでなく、フェイクニュースがまるで本当のことのように流布される機会も増えました。結果として、何がよくて、何が悪いのかがわかりにくくなり、どのような基準で情報を選択すればいいのかという判断が、とても難しくなっているように感じます。

それと同時に、現代人は選択疲れを起こしているとも言われています。着る服について毎日考えたくない。お昼に何を食べるかで悩みたくない。そんな話を聞くことも増えました。ひと昔前まで選択肢が増えることに喜びを感じていたのに、今は選択肢が多すぎるので誰かの〝お墨付き〟がほしいのです。

そうしたニーズに応えるように、たとえばＥＣサイトではリコメンド機能が拡充され、購買履歴や閲覧履歴から関連商品が自動で表示されるようになって、表向きには選択がしやすくなりました。

しかし、見方を変えれば〝誰かに選ばされている〟ことが増えたとも考えられます。選ぶということはある種の意思決定なので、しっかりやろうとしたら疲れます。だから、楽なほう、つまり選んでいるようで、〝誰かに選ばされている〟ほうに自然と流されていく。私たちは自分たちが意識していないところで、自ら選択することを放棄してしまったのです。しかも、その状況に慣れてしまいました。

でも、本当に納得した生き方を選んでいくためには、他人の意思を介入させずに決断していく必要があるのではないでしょうか。

なぜなら、**選択することによって、自分自身の、あなた自身の輪郭が定まる**からです。

これはする。

これはしない。

そういった選択が積み重なることで、〝私〟というパーソナリティが浮かび上がってくるはず。

だからこそ、これからの時代は〝自らの意思で選択する〟という当たり前のように見えることが、大きな価値になると私は考えます。

そこでこの本では、さまざまな挑戦と失敗を経て私がどのような選択をするようになったのか、そして、これからどのような選択をしていきたいのか、さらには読者のみなさんがどのようにして物事を捉え選択していけばいいのかを発見できるようなきっかけを綴《つづ》っていきたいと考えています。
これからの時代を生きる人々にとって、なんらかの指針になれば幸いです。

ハヤカワ五味

目次

第2章

自己を知る――選択を曇らせるものたち

第3章

社会を知る——選択は並存していく

第4章

未来を知る——それでも選び続けなければならない

序　章

“ハヤカワ五味”が選択した22のルール

“ハヤカワ五味”が選択したルール

1 たくさんの本に触れる

幼い頃、ひとりで過ごす時間が多かった私は、自然とさまざまな種類の本に触れるようになりました。わからないことがあると、すぐに調べる癖がついたのは、そういった読書の習慣が身に付いていたからだと思います。

インターネットを通じて多種多様な情報に簡単にアクセスでき、また自らも発信できるようになった現代では、正しい情報や知識をいかに持てるかが人生を決めるといっても過言ではありません。智慧《ちえ》は武器なのです。

"ハヤカワ五味"が選択したルール

2

必要なときには声を上げる

自分ひとりが声を上げても何も変わらないし、かえって今よりも状況が悪くなるだけ……そんなふうに考えて、理不尽なことも我慢していませんか?

声を上げるのは勇気がいることです。でも、声を上げなければ何も変わらないのではないでしょうか。理不尽なことには戦う姿勢をはっきりと見せること。これは私自身が困難に直面したときに学んだことのひとつです。ときに私が社会や巨大な存在に対しても声を上げるのは、こんな思いからなのです。

“ハヤカワ五味”が選択したルール

3 楽しいと思えることを徹底的にやる

漫画やアニメ、ゲームも大好きだった私は、中学生になるとコスプレに目覚めました。中古のミシンを購入して、自分で衣装をつくるようになったのです。

私はもともと裁縫が得意だったわけではありません。ただ、「つくりたい」という意欲があったので、どんどん上達していきました。楽しかったからこそ、未経験のことでも自然と身に付いたのだと思います。

このときの「楽しいことをする」という選択は、今の私に繋《つな》がっています。

“ハヤカワ五味”が選択したルール

4 ほしいものは手に入れる手段を考える

コスプレからの流れで興味を持ったのが、ロリィタファッション。当時の鉄板アイテムだった金髪のウィッグをオークションサイトで購入した際、これを転売することを思いつきました。まだ中学生で、ロリィタ服を購入するお金がなかったために始めたこの転売が、私にとって最初のビジネスかもしれません。

ほしいものを手に入れるためにどうするか。「自分でつくる」「ビジネスをやってみる」、諦めないで考えれば、さまざまな選択肢があるものです。

"ハヤカワ五味"が選択したルール

5

好きなものに夢中になる

自分でビジネスを起こすと、楽しいこともたくさんありますが、苦しいことやつらいこともももちろんあります。私は大学生のうちに起業したおかげで注目を浴びましたが、そのせいでいらぬ苦労をしたのも事実です。

仕事との両立で四苦八苦しながらも大学を卒業できたのは、仕事が好きだったから。好きなことに夢中になる経験値は、幼い頃から積んでいます。夢中になれることだからこそ、結果が得られるのかもしれません。

“ハヤカワ五味”が選択したルール

6 関わる人は自分で決める

学校や会社などの狭い社会では、自分と関わる人を強制的に決められてしまいます。でも今は、インターネットでさまざまな人と交流できる時代。中学生の頃まではなかなか友だちができなかった私も、SNSを通じて「価値感」が共通している友だちが多くでき、人付き合いが苦手ではなくなりました。

自分で選択した人間関係は心地いいものであり、長く続いていくものです。そして、そんな人たちから受ける影響も、人生では大きいと思うのです。

"ハヤカワ五味"が選択したルール

7 憧れの人を追いかけてみる

私は多摩美術大学の出身です。美大を目指したきっかけは、アートディレクター佐藤可士和《かしわ》さんの講演を聞いて、物事の奥に潜む課題を解決する力がデザインにはあると知ったから。決して、経営者になりたくて美大に進んだわけではありませんし、そもそも美大に行っても経営の勉強はできません。

でも、大学で学んだデザインの本質は、人間関係や仕事についても当てはまることが多く、憧れの人を追いかけてみたおかげで学べたことだと思っています。

“ハヤカワ五味”が選択したルール

8

ないなら つくってみる

「こんな服があったらいいのに」「こういう靴がほしいんだけど見つからない」という経験、ありませんか？　私がものづくりを始めたのも、「買えないならつくればいいい」からでした。それらが今の仕事に繋がっているのですから、ビジネスチャンスはどこに潜んでいるかわからないものですね。

どんな発明も「こんなものがあったらいいな」から始まります。「ないならつくる」は、世界を変える大きな選択かもしれません。

“ハヤカワ五味”が選択したルール

9

「ほしい」の声に応える

自作の品を〝商品〟として売り出したのは、高校生時代につくった「キリトリ線タイツ」が初めてでした。売るためではなく、自分がほしいものをつくったらほかの人からも求められ、商品化した流れです。ほしいものがないことの悲しさがわかるから、販売することにもためらいはありませんでした。

「feast」も、「ほしい」という小さな声を受けて誕生しました。声に応える選択をすることは、自分も世のなかも幸せにすると信じています。

"ハヤカワ五味"が選択したルール

10 ユーザーのためになることをする

自社製品のユーザーのためになることをする。これはとても大事なことです。私がそれに気づいたのは「キリトリ線タイツ」が人気となった頃。注文に対して生産が追い付かず、値段を上げて工場生産に切り替えたときのことでした。

たとえば値段を上げることで利益が出たら、そのお金でユーザーになんらかの還元ができます。それを考え、実現させていくことで社会に貢献でき、自分自身も新しい目標を得られる。経営者として欠かせない選択なのです。

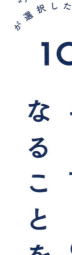

"ハヤカワ五味"が選択したルール

11 目的を明確にする

会社を経営するなかで、意思決定は避けられない重要な仕事です。そのためには、まず目的を明確にする必要があります。

かくいう私も、目的を明確にせず失敗した経験があります。佐藤可士和さんに憧れて多摩美術大学を目指したはずなのに、美術予備校に通ううちに第一志望が東京藝術大学にすり替わっていたのです。このときの選択が悔いの残るものだったからこそ、もう同じ間違いはしないと肝に銘じています。

“ハヤカワ五味”が選択したルール

12

悪いことが起きても、すぐに気持ちを切り替える

生きていれば、大なり小なり悪いことが起きるものです。けれど時間は有限です。くよくよして立ち止まっているわけにはいきません。

思えば大学受験時、第一志望だった東京藝大に不合格となったときも、すぐに気持ちを切り替えて、大学入学までの間にワンピースブランドを立ち上げました。同じ時間を使うならば、悪いことにとらわれるよりも、切り替えて行動したほうが生産的。失敗は、成功までの通過点でしかないのですから。

"ハヤカワ五味"が選択したルール

13

自分が好きなものを広めてみる

アニメやゲームの影響でコスプレをするようになり、そこからロリィタファッションに目覚め、タイツやワンピース、そして下着とさまざまなものをつくるようになりました。「ほしいものがない」から始まったこの仕事が続いているのは、根底に「好きなものの魅力を広く伝えたい」という気持ちがあるからです。そしてその思いが形になり、多くの人に支持されたときの喜びは言葉にできません。いつだってモチベーションはそこにあるのです。

“ハヤカワ五味”が選択したルール

14

聞くべき助言を選び、どう生かすかを考える

胸が小さい人のための下着「feast」は、立ち上げから5年がたち、ブランド単体での総売り上げは1・3億円になっています。けれどどこのブランドを構想した際の周囲の反応は、否定的なものばかりでした。

私はネガティブな意見を耳にしても、それに従う必要はないと思っています。常に100%正しい判断ができる人はいませんし、聞くべき助言かそうでないかを選択し、それをどう生かすかを考えるのは、自分自身だからです。

"ハヤカワ五味"が選択したルール

15 〝成功〟になるまで続けてみる

「人生を失敗した人たちの多くは、諦めたときにどれほど成功に近づいていたかを知らない」というエジソンの言葉があります。たしかに、失敗から学ぶことは多くあります。でも同時に、挫折したところでやめたから失敗になるのでは？　とも思うのです。ということは、成功するまでやり続けるのも、ひとつの方法ではないでしょうか。そう考えれば、続けることで自分の判断を正しいものにする、という選択もあるような気がしています。

“ハヤカワ五味”が選択したルール

16

一度決めた方向性はぶれさせない

「ｆｅａｓｔ」を構想していたとき、「市場がニッチすぎてお金にならない」「やる価値がない」などネガティブな意見ばかり届きました。でも、胸が小さい人向けに、ナチュラルな着け心地でそのままの自分のボディラインを愛せるランジェリーをつくりたいという気持ちは変わりませんでした。

結果的に、当初からの方針を貫いて正解だったと思っています。「これだ」と思って決めたなら、方向をずらさず進む強い意志を持つことが大切です。

“ハヤカワ五味”が選択したルール

17 決断するときは焦らない

商品を楽しみに待ってくださっているお客様の存在は嬉しいものです。でも同時に、「お待ちいただいている」というプレッシャーもあります。「ｆｅａｓｔ」の最初の商品は、まさにその典型。想定を超える注文をいただいてしまい、後からそれに対応しようと焦って、手痛い失敗をしてしまいました。

追い詰められたときには、人は正しい判断ができなくなるものです。だからこそ、大事なことを決めるときほど焦らないように心がけています。

"ハヤカワ五味"が選択したルール

18

チャンスには乗ってみる

大学在学中に会社を設立した私ですが、実は会社を起こすことは、自分から望んだものではありませんでした。そうせざるを得なくなって仕方なく、というのが本当のところです。

とはいえ、運やタイミングは、望むときに来るとは限りません。「幸運の女神には前髪しかない」と言われるように、ときには流れに乗って選択することも必要なのだと思っています。

"ハヤカワ五味"が選択したルール

19

そのときどきで、視点を切り替える

手づくりの商品を販売するところからスタートした私のビジネスですが、規模が大きくなるにつれ、自分自身の視点を切り替える必要が出てきました。ひとりでやっているときは短期的な視点でものごとを捉えがちですが、それでは中長期的な展望がなくなってしまうからです。

中長期的な視点から会社のことを考えて、2019年はさまざまな決断をしました。視点を切り替えられたからこその選択だったと思っています。

“ハヤカワ五味”が選択したルール

20

得意なこと以外は人に任せる

服やレッグウェア、下着までさまざまなものをつくり販売してきた私ですが、出発点が「自分のほしいものをつくりたい」という衝動だったため、なんでもひとりで抱え込んでいました。でもあるとき、苦手なことをいくら頑張ってもクオリティの高いものはつくれないと気づき、得意なこと以外は人に任せるという選択をするようになりました。その結果、私も会社も大きく成長しました。共同制作の楽しさや難しさを学べたのも、この選択のおかげです。

“ハヤカワ五味”が選択したルール

21 他者を妄信しない

学生で起業すると、さまざまな大人がサポートを申し出てくれます。実際、多くの方たちが協力してくれたおかげで、ここまで事業が成長したと思っています。けれど、なかには大きな問題を起こす人もいました。

どんな実績を持っているかをきちんと把握し、過去に問題を起こしていないか周囲の評判を確認する。一緒に仕事をする人を信頼することは大事ですが、このふたつは経営者として徹底しなくてはと思っています。

“ハヤカワ五味”が選択したルール

22 夢を大切にする

2018年2月から2019年8月まで、ラフォーレ原宿の地下1・5階に、私が経営する株式会社ウツワの旗艦店「LAVISHOP」がありました。実店舗を持つことは売り上げ増に繋がりますが、デメリットも多くあります。それでも出店を決めたのは、夢を叶《かな》えることは売り上げなどの数字で測れるもの以上の価値があるのではないかと考えたからです。実際、実店舗を持ったからこそ気づけたことも多く、実りある展開だったと思っています。

私が生まれたのは1995年、阪神・淡路大震災と地下鉄サリン事件があった年です。

1歳児であっても人それぞれ個性があるように、生まれたときからある程度の性格は決まっているように思います。が、私の場合、決めたり意見したりすることに関しては後天的に身に付きました。

では、幼少期はどのように過ごしていたのか。

周りの意見に流されつつも、文句は一人前に言う。そんな感じだったように思います。

第1章

背景を知る

選択が自分を形づくる

家族のなかで孤立した幼少期

極めて裕福な家庭の生まれだとよく勘違いされるのですが、会社員の父と、パートタイマーの母、そして3つ下の妹というこれといった特徴のない家庭の生まれです。実家は千代田区神保町にある古い2LDKのマンション。ふたつある部屋のひとつを父が使用していたため、私と母と妹の3人でもうひとつの部屋をシェアして過ごしていました。

幼少期のことで覚えているのは、両親の仲がとても悪かったこと。家にほとんど帰ってこない父に対して、母はよく愚痴をこぼしていました。

それもあってか、私は母から愛情のようなものをあまり感じていなかったし、父のことは家族というより他人の男性が住んでいるくらいの感覚で考えていました。実際、私の誕生日やクリスマスに父はいませんでした。数少ない思い出は、父がゲーム

2歳の頃

をプレイする様子を隣でわくわくしながら眺めていたことくらいです。

妹とは今でこそいろいろなことを話すようになりましたが、当時は性格の違いからかさほど仲良くありませんでした。私は根っから生真面目で、幼稚園や学校でも友だちの多いタイプではありませんでした。その一方で妹はとても要領が良く、友人も多い。私にないものを持っていました。友人であれば仲良くやれたと思うのですが、姉妹だからこそ裏目に出てしまう。妹の失敗もいつの間にか私のせいになっていて、「お姉ちゃんなんだから我慢しなさい」と言われ続け、先に生まれただけなのに理不尽だと思っていました。だから、家に私の居場所はあったようでなかったようにも思います。

そんな私にとって格好の遊び場となっていたのが近所の本屋でした。本屋がひしめく神保町育ちだったので、3分ほど歩けば三省堂書店神保町本店という大型の本屋がありました。水筒に飲みものを入れて毎日のように足を運び、さまざまな本を手に取って立ち読みを繰り返す日々。お店にとっては迷惑なお客さんだったかもしれません。

でも、この時期にいろいろな本に触れたことで、自分自身の性格や考え方が大きく変わったように思います。それまでは幼稚園や学校がすべてだったけれど、本の先には無限の世界が広がっていました。それは、ときにファンタジーであったり、ときに実在する誰かの仕事論だったりしました。イラストレーター向けのデッサン本を手に取り、このようにしてイラストを上達させるのかと感心したりもしました。

インターネットの時代は、ほしいものや好きなことは検索しないと見つからないし、ランダムで表示されるコンテンツたちも、基本的には自分に最適だとされるものが表示されます。ただ**幼い頃、私が通い詰めた本屋には、私が一見興味を持てなそうな本から、専門的な本まで広く取り揃えられていましたし、それを「暇だから」ととりあえず手に取ってみたからこそ、世界の広さに気づくことができました。**そしてそのような広い世界を「今はまだ本でしかアクセスできないけれど、いつか絶対にもっと身近で体験してみたい」と思えたのでした。

3年間続いた教師からの嫌がらせ

小学生になってからは、教師からの陰湿ないじめが3年ほど続きました。引っ込み思案ながら何事にも率先して取り組み、なんでも率直に意見を述べることが多かったため、大人からしたらすごく生意気に映ったのだと思います。

そして、格好の的となった私は、今考えても「なぜ？」と思うような理不尽なことで怒られるようになりました。たとえば、窓の外にちょっと目を向けたり、床に落としたものを拾おうとしただけで授業が終わるまでずっと叱責されたりしたのです。

ですが、当時の私はすべてに対して至極真面目に取り組んでいるだけでしたし、それが良いことだと思っていたので、なぜそのような目に遭うのかまったく理解できず、だからこそつらい気持ちが強かったです。私としては悪いことをしていないのに怒られる状況だったので、自分では気づかず何か悪いことをしているのではないかと悩みましたし、そもそも自分という存在自体が許されていないのではないかという罪悪感を抱くようになりました。

それと同時期に、ある同級生の親から嫌がらせを受けることもありました。私の態度が気にくわないというのが理由です。その同級生に何か不運なこと（転ぶとか）が起きると、その度に私のせいだと断言され、非難されました。そこまで言われるのであればと、その同級生から距離を置いていたのですが、それでも事あるごとに私のせいにされ続け、これまた理不尽だと思っていました。

こういった場合、頼りになるのは両親ですが、父親はほとんど家にいなかったし、母親は母親で同時期に別のトラブルで精神的に追い詰められていたので、とてもいじめの相談などできませんでした。

「学校がつらい」

「私だってつらいんだから、それくらい我慢しなさい」

頼る大人もなく、次第に追い込まれた私は、人間関係に嫌気がさして必要以上には人とコミュニケーションを取らなくなりました。教室では隅っこで過ごし、家でも本や漫画を読んだり、ゲームをしたり、アニメを観《み》たりとひとりで過ごす時間が増えました。

なかでもゲームには人一倍のめり込みました。自宅のリビングには大きなテレビがあり、その前に置いてあるソファの隅っこで、攻略本を片手にいろいろなゲームをプ

夢と自分と
それから友達

一組

[redacted]

私の将来の夢は、ゲームのアニメーターです。その夢は、五年位の時に友達がくれました。どうして友達が夢をくれるの？と思うと思います。だからそのことについて話をします。
　五年生の時は、新しいゲーム機が発売されて色々なゲームが大ブレイクした年です。なので色々な人が色々な人とゲームの話をしていました。私自身も色々と話していました。その時に「楽しそうに話してるなぁ。私も、こんなゲーム作ってみたいなぁ」と思ったのが始

小学校の卒業アルバム

レイしました。『ドラゴンクエスト』『ポケットモンスター』『女神転生』『逆転裁判』などのシリーズは特にハマって、今でも新作が発売されると思わず買ってしまいます。また、小学校の卒業文集には、「ゲームのアニメーターになりたい」と書きました。大好きなゲームのキャラクターをつくった人に憧れ、どういった職業だったらキャラクターづくりが叶うのかと父に聞いて書いた肩書きでしたが、今思うと「アニメーター」ではなく「ゲームクリエイター」が正しいですね。

そんな学校での状況が一変したのは、小

学4年生のときでした。

まず、いじめの主犯だった担任が不祥事を起こして学校を去ることに。同級生の親からの嫌がらせも、担任が替わったことでなくなりました。

そして私自身にも変化が起きたのです。特に大きな影響を与えたのが、道徳の授業でした。


命を大切にする。

他人を思いやる。

善悪の判断をきちんとして行動する。


そういった規範意識が学びのなかで強くなっていくことで、私の意思も固まっていったように思います。

それまで引っ込み思案だった私は、同級生たちからもいじめの対象にされることがありました。ただ、ずっと自分だけがいじめを受けているというわけではなく、時間がたつと別のクラスメイトがターゲットになることも。その際には、道徳の教科書に書いてあったように「それはおかしい！　いじめなんかやめないか！」と言ってみたりもしましたが、教科書のようにそれでいじめが終わることはありません。むしろ、ターゲットが私自身に戻り、守ったはずのクラスメイトもいじめに加担しているなどの現実を目の当たりにしました。至極純粋だった私は、自分が信じていた教科書の通りにしても変わらない現実、むしろ悪化した最悪な状況に衝撃を受け、**ただ教えられた通りにしてもどうしようもない**んだと感じました。

そんなあるとき、少し仲の良かった友だちがいじめられ始めたのですが、その状況に我慢できず、けれど道徳の教科書通りにしてもどうしようもないという絶望的な気持ちで、クラスメイトが多くいるなかで机を蹴り上げたのです。

私自身も咄嗟《とっさ》のことだったのであまり多くを記憶していないのですが、その瞬間に何かが吹っ切れました。**いじめをする子たちに戦う姿勢をはっきり見せるようになったのです。**

それ以来、私や友だちに対するいじめはなくなり、きちんと声を上げることの大切さを学びました。ときに私がSNSを通じて大きな声を上げるのは、こうした経験があるからなのです。

中学受験の末、中高一貫校へ

私はこれまで勉強を苦だと思ったことがないのですが、それはゲームの影響が大きいのかもしれません。算数や国語のドリルも、解き終わったら経験値が溜《た》まってレベルアップする感覚で解いていました。

小学5年生になると、中学受験のために塾に通うようになりました。

私の両親は考え方がすごくクラシックです。しっかり勉強してきちんとした大学を卒業し、高身長・高学歴・高収入の男性と結婚して専業主婦になるのが女性の幸せだ、という価値観と共に生きてきています。小学生の頃はそんな両親の意向通りに生きていたので、中学受験をすることになんの疑問もありませんでした。親に促されるまま塾に入り、約2年にわたって受験勉強を続けました。

その末に私が進学したのは、千代田区立九段中等教育学校。東京23区初の区立中高一貫校です。

自分の意思で入学を決めた学校ではありませんでしたが、個人の意見を尊重してくれる校風は、私にとても合っていたと思います。入学後、学業の成績が良かったので最初は難関大学への進学をすすめられました。が、私が美術大学に進学したいと思っていることを相談したところ、各科目の先生たちがこぞって協力してくれました。当時すでにインターネット上で活動したり、ものを売ったりしていることも知られていましたが、多くを詮索することもせず、静かに見守ってくれる態度にはとても救われました。

九段中等教育学校では友だちこそ多くなかったものの、本当に伸び伸びと学ぶことができました。特に英語、数学は本当に楽しくて、授業終わりに勉強好きで集まり、みんなで難しい問題を解くことも。ちなみに数学は、理系専攻でもないのに数Ⅲ＋C

美大を目指していた高校時代

まで学びました。経営の仕事では、確率論や期待値などなど、数学が重要になってくる場面も多いので、まさかここで役に立つとは！　と思っています。また、私は暗記が苦手だったのですが、クラスの社会科が大好きな子に教えてもらった内容は本当に興味深く、**苦手だと思うものも詳しい人に教えてもらうと実は面白いことがたくさんある**んだと知るきっかけになりました。

課外活動では中高の6年間のうち、漫画や絵を描く美術部に2年、Ｗｅｂサイトの構築などをするマルチメディア部に2年ほど在籍しました。それ以降は帰宅部ですが、マルチメディア部に所属していたおかげで、本当にほんの少しプログラミング言語の理解があります。それと同時に文化的行事実行委員会に5年間在籍し、最後の年には文化祭実行委員会委員長を務めました。今思うと、なんだかんだ部長や委員長などリーダー的なポジションにつくことが多かったので、もともと人をまとめるのは得意だったのかもしれません。もしくは鶏と卵の論争ではありませんが、**やる人が誰もいないからとリーダーポジションをやっているうちに、いつの間にか人をまとめるスキルが身に付いた**のかもしれません。

ものづくりの楽しさと、ロリィタへの目覚め

中学生になると、かねてからのアニメ好きが高じてコスプレに目覚めました。お年玉を使って中古のミシンをネットで購入し、ボーカロイドの初音ミクや『マクロスF』のヒロインであるランカ・リーの衣装を友だちと一緒につくって着ていました。もともと図工など、ものづくり自体は好きでしたが、服をつくる経験はこのときが初

めて。わからないなりに見よう見まねでミシンを動かしていたら、意外と形になるので驚きました。

ちなみに、私の中学生時代の家庭科の成績は5段階評価で3。もとより裁縫が得意なわけではありませんでした。それでもつくりたいという意欲があったから、どんどん上達していったのです。これも選択の話と繋がりますが、**自分が楽しいと思えることは、特別得意なことでなかったり、未経験だったとしても、自然と身に付いていく**んですね。

その流れで、次に興味を持ったのがロリィタファッションです。きっかけは、中学2年生のときに読んだ古屋《ふるや》兎丸《うさまる》先生の漫画『彼女を守る51の方法』でした。ヒロイン・岡野なな子の強くたくましい姿と、彼女が着ていたゴスロリの服装に惹《ひ》かれていったのです。

それから『KERA』などのロリィタファッションが掲載されている雑誌も読むようになり、どんどんのめり込んでいきました。

当時、ブログにアップしていたロリィタファッション

しかし、ロリィタ系の服は1着2万〜3万円が相場。中学生ではとても購入できません。

当時、私の家はバイト禁止かつお小遣い制ではなかったので、お年玉などの臨時収入で好きな漫画やゲームを購入していました。だからといって、パートタイマーとして働いている母にお金をせびるのは申し訳ないですし、そもそも親の好みのファッションではないので、買ってくれるはずもない。そこで最初は自分でロリィタ服をつくっていたわけです。

しかし、ある問題が発生します。当時のロリィタファッションは、金髪ツインテールが鉄板。さすがに髪の毛は染められないので、ファッションウィッグを探すことにしました。

そこで驚きの発見をします。フリマサイトや原宿などでは8000円程度で販売されているウィッグが、オークションサイトでは500円程度で出品されていたのです。ただ、掲載されている写真の画質は最悪だし、商品の説明文も翻訳ソフトで変換したような怪しい言い回し。正直なところ、買ってもいいものか不安でした。でも、ほしいという気持ちのほうが上回っていたし、粗悪品をつかまされても500円なら安いもの。一か八か落札することにしました。

「好きなこと」がビジネスになった瞬間

購入してから1週間後、私のハラハラする気持ちとは裏腹に、商品はあっさりと届きました。しかも実物は、オークションサイトに掲載されていた写真より数倍かわいい！　その瞬間、「フリマサイトで市販価格より安めに設定したら売れそうだ」と閃《ひらめ》きました。

その頃、毎日のようにオークションサイトやフリマサイトで中古のロリィタ服を探し求めていたので、一般の若い人も多く使うフリマサイトでは写真や説明文がきちんとしているけれど価格が高く、一方で、業者が多く一部のハイリテラシーな人だけが利用していたオークションサイトは写真や説明文は雑だけど価格が安く設定されていることに気づいていたのです。

こうして私は、オークションサイトでウィッグを仕入れ、フリマサイトで売るようになりました。そして、月に3万～5万円程度、多いときで10万円を超える収入を得るようになったのです。

当時、転売をする際に意識したのは、「写真の撮り直し」と「タイトル・商品説明文を吟味すること」の2点です。

写真については前項でも述べたように、オークションサイトの写真は画質が最悪だったうえ、ほかのサイトからの盗用なのではないかと思われるものも多くありました。また、当時のファッションウィッグの商品写真は、多くがマネキンに商品をつけた白バックのもの。これでは無機質な印象を与えるうえに、着用したらどうなるかが想像しにくいと感じました。

そこで私は、100円ショップで購入したヘッドトルソーにウィッグをつけ、あえて自室で撮影した写真を使うことにしました。ほかにも、実際に自分が着用した自撮り画像（顔はスタンプで隠しましたが）を商品写真として使うことも。そうした**工夫を施すことで、私自身がオークションサイトから購入した際に感じた不安を解消できた**と思います。

転売時に使用していたウィッグ写真

タイトルと商品説明文に関しては、とにかく一目でわかりやすく、正直な内容を心がけました。タイトルではファッション用のウィッグであること、新品であることを少ない文字数で的確に表現し、商品説明文では「少し絡みやすいですがテカリがなく自然な髪質です」というように、**商品の特徴を正直に伝えること**を意識しました。

さらに、写真やタイトル、説明文を吟味するうえで大事なのは、「ターゲットを絞って価値提案をする」ことです。たとえば、私が当時転売していたウィッグのなかには、コスプレ用として販売されていた商品も多くありました。ですが、「以前はやったキャラのコスプレ用ウィッグ」を求めている人よりも、「かわいいロリィタ服に合うファッションウィッグ」を探している人のほうが多いだろうと思ったのです。そこで、写真にしろ、文章にしろ、ファッションウィッグとしての価値を提案し、理解してもらえるよう意識しました。

ターゲットがどういうことに不満を持っているのか、どういう商品がほしいのかを考え、その人たちの購買意欲を後押しする見せ方は、小売りの仕事をするうえで非常に大事なポイントです。今思えば、このときに身に付けた**「ターゲットを明快にすること」「ターゲットの購買意欲を後押しすること」**というふたつのルールは、ものを

売ることの基礎であり、後に小売りを職業とした際にもとても生かされました。

聖地ラフォーレ原宿へ

ロリィタファッションを愛する人たちに〝聖地〟と呼ばれる場所があります。それがラフォーレ原宿の地下1・5階。ここには、ロリィタファッション黎明期《れいめいき》から多くのブランドが集結していて、私にとって憧れの場所でした。

BABY, THE STARS SHINE BRIGHT、Angelic Pretty、Metamorphose、アトリエピエロ……。

数えたらきりがないくらい、好きなブランドがたくさんありました。しかも、このフロアはラフォーレ原宿の最下層にあるため、似た洋服を着た人たちしかいない秘密基地のよう。さらに、甘ロリやゴスロリなどさまざまなパターンを試着できるので、

ロリィタファッションを楽しんでいた頃

自分のほしいものが見つかりやすいのも特徴です。

まだ中学生だった私は、お金もないのに幾度となくこの場所に足を運び、華やかにディスプレイされた服を見ては心を躍らせていました。そのときめきだけで生きていけると思えたほど。

だから、**お金を貯《た》めてようやく服を手に入れたときの喜びは、今でも忘れられません。**初めて買ったのは『不思議の国のアリス』のようなブルーのワンピース。お店に行く数日前から、頭のなかは大好きな洋服のことでいっぱいで、どのようにコーディネートを組むか、何度も絵に描いてイメージしました。原宿に行く日には早起きして思い切りメイクをし、購入後はどうやって帰宅したのかわからないくらい興奮したものです。

モバゲーで広がった繋がり

学校では友人があまり多くはできなかったのですが、その代わりに当時盛り上がっていたモバゲーというＳＮＳで、さまざまな人と交流を持つようになりました。おそらく、中学生のなかでもトップクラスの廃人だったでしょう。

モバゲーのなかでは、**学校のように強制的に関わる人を決められるわけではなく、自分で選ぶことができる。そんな環境がとても良かった**のだと思います。

当時は現在と比べるとロリィタファッションの人口はかなり少なく、コミュニティも小さなものでした。また、ＳＮＳも活発ではなく、モバゲーで徐々に繋がりができる程度でした。ここではロリィタファッションに関することはもちろん、好きな音楽

モバゲー仲間と出かけていた頃

で盛り上がったりして、いくつかのコミュニティで知り合いができました。

ときにはオフ会に参加し、自分の好きなものに関して思い思いに語り合うことも。同じバンドが好きな友人と、下北沢のライブハウスに一緒に行ったりもしていました。共通のキーワードがあるから、初対面でも話題が尽きないのです。しかも、お互いに好きなことの話をしているので、すごく平和。

小学校時代のいじめなどもあり、それまではコミュニケーションが苦手でしたが、次第に人との会話を楽しめるようになりました。年上の女性と接するなかで化粧なども覚え、外見も変化していきました。

ちなみに、私の会社でかつて撮影を担当していた女性とは、このモバゲーで知り合いました。しかも、美術予備校で斜め後ろに座っていたという奇跡！

最近はディストピア感が漂っているSNSですが、この頃は本当に楽しかったです。モバゲーがなければ、今の私はなかったと言い切れるくらい大切な場所でした。幼い頃、本屋で立ち読みしていたとき、本の先に広がる大きく遠いと感じられた世界に少しだけ触れられた気がしました。インターネットのおかげで、広大な世界と接点を持つことができるようになったのです。

佐藤可士和への憧れ、美大に向けられた眼差し

中学3年生になると同時に通い始めたのが、御茶の水美術学院という美術予備校です。この時点で私は、美大への進学を決めていました。

ちなみに私が通っていた九段中等教育学校は、半分以上が国立大や早慶に行くタイプのマイルド進学校。私のように美大を目指す人はかなりレアでした。過去の進学実績を聞いても、直近でひとりかふたりといった様子です。

そんな自称進学校に通っていた私が、なぜ美大を目指すようになったのか。そのきっかけは、ユニクロやセブン-イレブンをはじめ、数多くの企業のブランディングを手がけるクリエイティブディレクター佐藤可士和さんでした。

もともとアニメやゲームが好きだったこともあり、将来はクリエイターになりたいと考えていたのですが、そんななかで見つけた大貫卓也《おおぬきたくや》さんのラフォーレ原宿のポスターに惹かれ、その流れでアートディレクターの佐藤可士和さんを知りました。そして偶然にも、多摩美術大学のオープンキャンパスで佐藤可士和さんが講演することを知り、八王子にあるキャンパスまではるばる足を運んだのです。そして、私は終始圧倒されました。

佐藤可士和さんは、隠れている課題を見つけ、それをデザインする、広く捉えれば〝設計〟で解決していきます。たとえばユニクロ。当時は、ユニクロだとバレること

美術予備校時代に描いたデッサン（右）と自画像（左）

を「ユニバレ」というくらいネガティブなイメージがつきまとっていました。それを〝ユニクロだから品質が良い〟というポジティブなイメージに、デザインを通して変化させたのです。この事例は、私自身がユニクロというブランドの変化を目の当たりにしていたため、成し遂げられたことの大きさに驚きました。

そして**「私は表面的なデザインではなく、より深いレイヤーでのデザイン・設計がしたい！」**と感じたのです（その影響で株式会社ウツワの企業理念は「人をデザインする」になりました）。

このとき、多摩美術大学のグラフィック

デザイン学科で広告のデザインを学ぼうと決意。約4年にわたる受験勉強が始まった瞬間でした。

しかし、最初の頃は実技より学科のほうが得意で、特にデッサンは苦手科目のひとつでした。講師からの講評も振るわず、順位は常に下から数えたほうが早い状況が続きました。その状況が悔しくて、帰宅後は泣きながら上手な同級生たちの作品を分析していたことを覚えています。

美術には、数学や英語のように厳密な正解がありません。ないからこそ、ブレイクスルーできたときの感動はひとしおで、どんどんのめり込んでいきました。

ようやく成果が見え始めたのは1年後。上位に選ばれることも多くなり、講師からは「藝大にも絶対に受かる」と太鼓判を押されるまでに上達しました。

〃ハヤカワ五味〃の誕生とオリジナルタイツのヒット

私が〃ハヤカワ五味〃を名乗るようになるきっかけは、15歳のときにつくった「キリトリ線タイツ」をはじめとするレッグウェアのヒットでした。ロリィタの服は高価であまり買えなかったので、足元や小物でコーディネートの幅を広げようとしたのです。当時は花柄やキスマークのストッキングが流行っていたのですが、自分好みのものがほとんどありませんでした。そこで服と同じようにタイツも自分でつくることにしました。

これが思いのほか好評！

型紙をつくってカラースプレーでプリントするだけのものでしたが、美術予備校にはいていったところ、「ほしい」という声が上がったのです。また、運営していたブログに写真をアップしたところ、そこでも反響があり、販売することを決意しました。それまでオークションサイトで転売をしていたので、**オンラインでものとお金を**

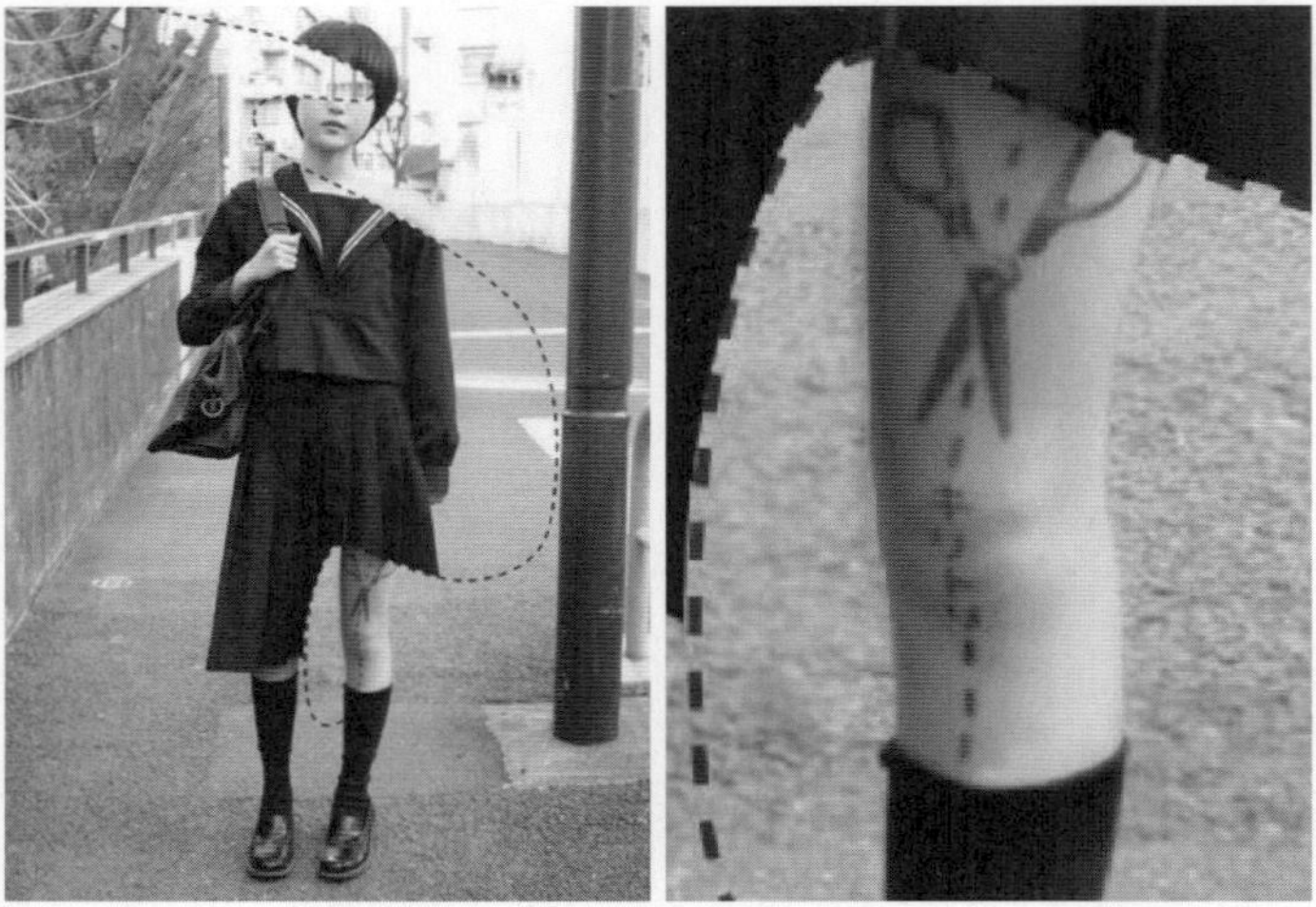

宣伝用に撮影した「キリトリ線タイツ」着用画像

やりとりすることに対しての抵抗感は人一倍低かったと思います。

とはいえ、大きなニーズがあると思っていなかったので、あまり深く考えずに１２００円という利益度外視の金額で販売を開始しました。土台のタイツ約５００円にほかの材料費も合わせると１０００円程度はかかるのに……。ちなみに販売初期は、売れても月に5足とか10足ほど。売り上げも1万円程度でした。

転機が訪れたのは、デザインフェスタの出展告知写真をＴｗｉｔｔｅｒに掲載した瞬間でした。デザインフェスタ公式アカウントが出展者のツイートをリツイートして

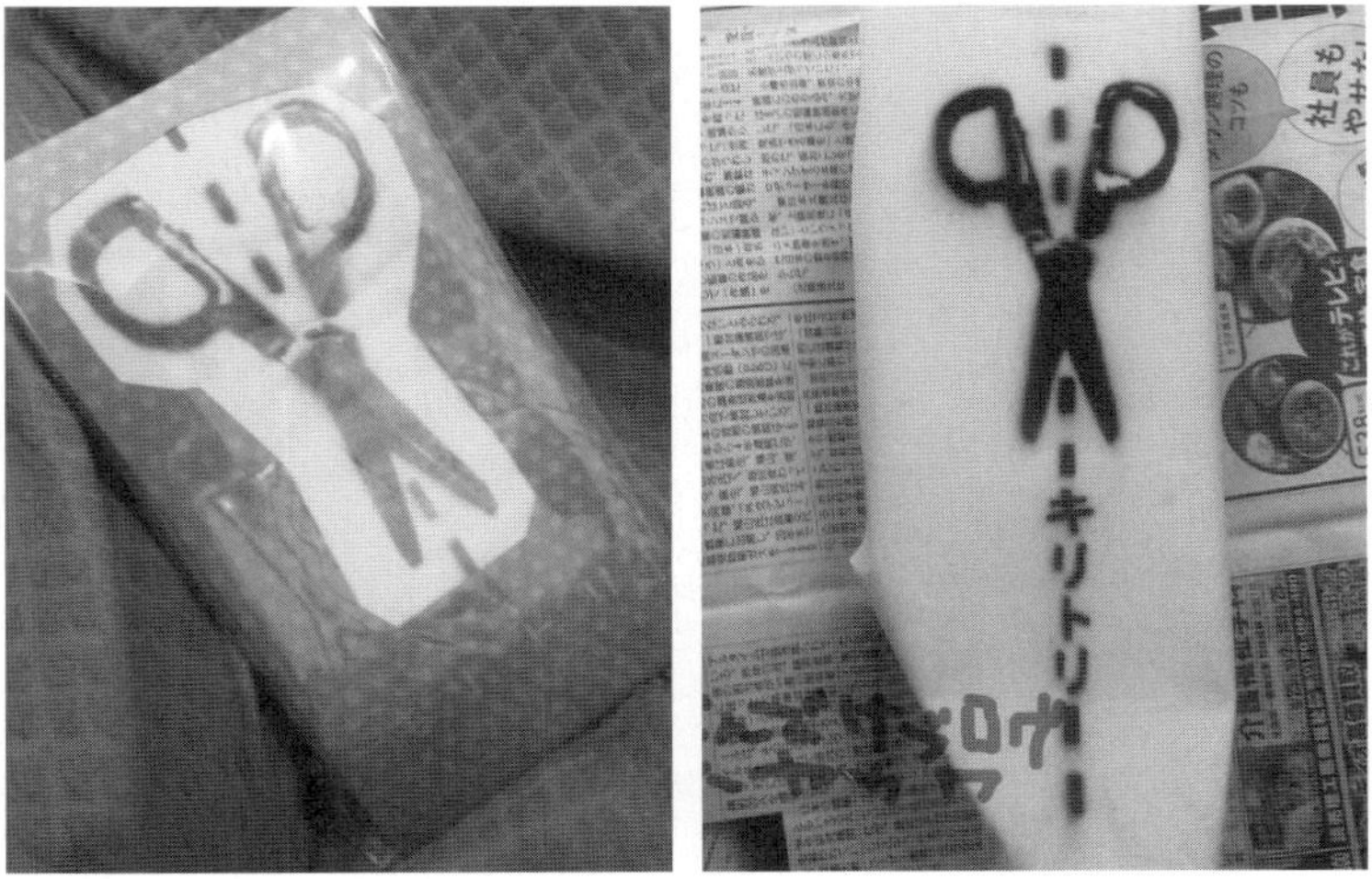

「キリトリ線タイツ」製作の過程（右）と、商品パッケージ（左）

いたこともあり、瞬く間にバズって話題になったのです。デザインフェスタには、たまたま友人に誘われて遊びに行ったときに軽い気持ちで出展を申し込んだだけでしたが、まさかそれがきっかけで多くの人に知っていただくことになるとは！　しかも、テレビをはじめとする各種メディアで同時期に取り上げられたこともあり、販売枚数が一気に増えました。

とはいえ、私には学校も予備校もあるので、ひとりでつくる量には限界がありますす。どう頑張っても1日2足が限界。それに手づくりだとクオリティにムラが出てしまいます。そこで工場に発注する量産態勢

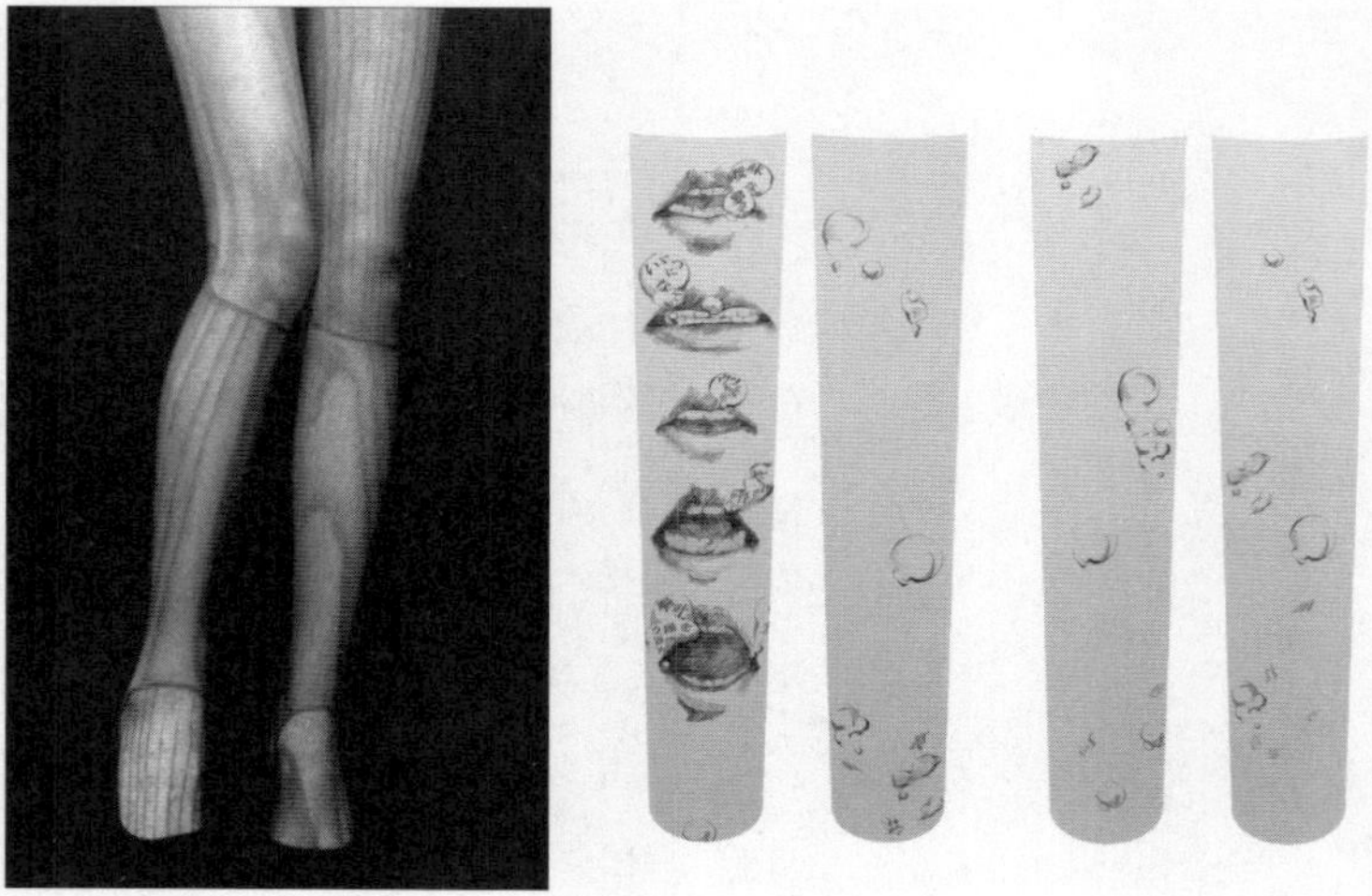

「窒息ニーハイ」（右）と「木目調ストッキング」（左）

に移行することにしました。

ですが、見積もりを取ったところ、値段は1足1500円でミニマムが30足4万5000円から。高い！　今だったら即決できる値段ですが、高校生だった私にとっては大金です。そこで事前に予約を受け付けて生産する、受注制で販売することにしました。これまでの売り上げと、お年玉の残り3万円を使っての勝負です。

結果、それまで以上に多くの人にタイツを届ける態勢を整えることができたのですが、受注生産だと一定の人数が集まらないと発注ができないことがネックになりました。

たとえば30足単位で生産するとしたら、31人目には次の30人が集まるまで待ってもらうか、断らなければなりません。また、**利益が出ない価格で販売をしていると、いつまでたっても受注生産から抜け出せない**ことにも気づきました。

そこで、断腸の思いで1足あたりの値段を上げることに。「高い！」と言われることも覚悟のうえでの値上げでしたが、ユーザーからしたら買えることのほうが嬉しいとのことで、批判などもほとんどありませんでした。この値上げが功を奏し、さらに多くの人にタイツを届けられるようになりました。

そして、「木目調ストッキング」や「窒息ニーハイ」などの新商品も発表。最終的には高校生活の3年間で100万円ほどの売り上げを記録し、原価や製作費を引くと30万円ほどが私の手元に残りました。

私はそれまで、「お金を稼ぐことは良くないことで、クリエイターとしてあるまじきことだ」とどこかでずっと思っていました。特にオークション転売をしていたときは、本当は数百円で買えるものを数十倍の値段で売っていたので、稼ぐことへの抵抗感や罪悪感がありました。

でもこのとき、タイツの値段を上げたことによって在庫を持つことが可能になり、結果的により多くの人に絶えず商品を届けられるようになったので**「お金を稼ぐことは、最終的にユーザーのためになる！」**と気づきました。このことは、私が経営者として会社を運営していくことになったときも役立ったと思います。

ちなみに、当初は〝早川翼〟名義でタイツを製作・販売していたのですが、Ｔｗｉｔｔｅｒで「ゴミを量産するな！」と叩《たた》かれたことを逆手に取って、〝五味〟と名乗るようになりました。

この頃は、〝ハヤカワ五味〟という名前がたくさんの人に知れわたるようになりたいと思って、いろいろなことを頑張っていた気がします。

大学受験の失敗

高校2年生になった頃には、さらに受験勉強に励むようになりました。朝5時に起きて24時間営業のマクドナルドで自習し、放課後は美術予備校へ。

受験に集中するために、オリジナルデザインのタイツに関しては、デザインの権利のみをとある2店舗に一時的に譲り、そこで製造と販売などの細かいやりとりまで一括で巻き取ってもらって、私はその売り上げから歩合でギャラを受け取っていました。この生活は大学受験が終わるまで続きます。

この際、**いくらいい商品をつくって「ほしい」と言ってくれるお客様がいても、継続的にその商品を販売できる環境をつくっておかないと、自分の一挙一動に販売状況が左右させられてしまう**のだなと感じました。それ以降、外注したりして人にお願いできる部分と自分がやるべき部分の区別をし、なんでも自分でこなして「やった気持ちになる」ということをやめました。

このとき第一志望にしていたのが、東京藝術大学のデザイン科。おさえで多摩美術大学グラフィックデザイン学科を受験しました。

読者のなかには「多摩美が第一志望ではなかったのか？」と疑問に思った人もいるかもしれません。私も今になって思えば、なぜ藝大を第一志望にしていたのか謎です。ただ、これには美術予備校の悪《あ》しき慣習が関係しています。

美術予備校では、藝大に合格することが何よりも価値があったのです。そして「藝大が最高峰」という認識を嫌というほど刷り込まれます。私もいつの間にか藝大に受からなければいけないと思うようになり、そのことに必死になっていました。本当は多摩美に入学して、佐藤可士和さんのようになりたかったのに……。今になって思えば、こうした主体性のない目標の変更は間違っていました。でも、当時の私にはその判断ができませんでした。

ちなみに、この「藝大に合格する」という思いが強すぎるあまり、学歴コンプレックスに陥る人も少なくありません。なかには藝大に受かることに全身全霊を捧《ささ》げて多浪する人もいますし、「藝大不合格」という十字架を背負って他大学でくすぶる人もいます。

でも、こうした学歴コンプレックスは若いうちに解消しないと、いつまでたっても過去に縛られたまま生きなくてはなりません。それに藝大に入学できたとしても、受験の反動で遊びまくっていると「あの人は今……」となってしまうことも少なくないと思っています。

大切なのは、やはり**自分の目的を明確にする**こと。私自身、いつの間にか目標とする大学が多摩美から藝大へとすり替わっていたことで、意図せず呪いをかけられてしまうところでした。

とはいえ、そのときの私は藝大に受かる気満々でした。模試の判定も良かったし、予備校の講師からの期待も厚い。現に二次試験まで進むことができたので、合格発表の日も「いろんな人がいる前で合格を喜んじゃいけないな」なんて思いながら、余裕綽々《しゃくしゃく》で2時間ほど遅れて発表を見に向かいました。

ところが、掲示板のどこにも私の番号がありません。

これはなんの冗談かと思って、何度も見直しました。でも、ない。

不合格だったのです。

このときばかりは大変なショックで、もう立ち直れないのではないかと思うほど落ち込みました。

「GOMI HAYAKAWA」の立ち上げ

とはいえ、すぐさま気持ちを切り替えることにしました。

なぜなら、そもそも目指していた多摩美術大学に合格できたこと、また大学浪人はしないと最初から決めていたからです。もちろん、大学入学後も悔しいと思う瞬間は多々ありましたが、4年間の美術予備校生活で学んだことが自分の身になっていると強く感じられたので乗り越えることができました。

そうして大学入学までの持て余した時間を利用して始めたのが、ワンピースブランドの立ち上げでした。ロリィタファッションを通じて知った服の魅力をもっと多くの人へ広げたいと思っていましたし、プリントタイツブームが本格的になって大手が参入してきたことで、個人では太刀打ちできなくなっていたことも後押しになりました。

資本金はプリントタイツで売り上げた100万円から、コストを引いた30万円。これを元手に理想とするワンピースの製造に励むことにしました。私の名前を冠したブランド「GOMI HAYAKAWA」が誕生した瞬間です。

このときコンセプトとして掲げたのが、〝恋い焦がれた服〟。私自身、中学生の頃に漫画のヒロインに憧れ、それをきっかけにロリィタの魅力を知って「もっとこの服が似合うくらい、かわいくなりたい！」と服のためにさまざまな努力をするようになりました。その願望をコンセプトに込めたのです。

そうして完成した第1弾ラインナップ「少女漫画」シリーズは、大学入学後の6月に原宿で開催した展示予約会でお披露目。初日だけで100名を超えるお客さんに足

「GOMI HAYAKAWA」第1弾ラインナップ「少女漫画」シリーズ

を運んでもらえたことで、自分の活動に自信を持つことができました。

服についての考え方はいろいろあると思いますが、私はロリィタ服を通してさまざまな人とコミュニケーションを取り、多くの出会いや学びを得て、言葉通り人生が変わりました。人の印象は見た目が大きいところを占め、洋服がその重要な役割を担っているからこそ、着る人への影響力は絶大です。私は**「GOMI HAYAKAWA」というブランドを通して、自分がロリィタ服にしてもらったように、誰かの人生をポジティブに変えてみたい**と思っていました。

ただ、ものをデザインするのではなく、その先にいるユーザーや価値観をデザインするという考え方は、このときから今に至るまで大事にしています。

大学に入学し、その後すぐに起業を言いわけに実家を出たのですが、その頃から自分で自分のことを決めなければという気持ちが強まっていました。実際に、会社を経営するなかで意思決定は避けられない重要な仕事です。〝選択する〟ということが日常になっていきました。

その一方で、決めることができても、その決定が納得いくかどうかは、どれだけクリアにその課題と向き合えたかにかかっています。でも、いつも正しく選択できるわけではありません。多くの誘惑や迷い、プレッシャーがあっという間に冷静さを奪っていきます。だからこそ、どのような事柄がその選択を惑わせるのかを知っておくことが、より良い選択をするための糧になるはず。私はそう思っています。

第 2 章

自己を知る

選択を曇らせるものたち

ランジェリーブランドの誕生

「GOMI HAYAKAWA」の展示会が終了した後、私は一気に時間を持て余すようになりました。普通なら燃え尽き症候群で喪失感を抱くのかもしれませんが、私は新しく何かに取り組みたい衝動に駆られたのです。

そこで、以前から構想を抱いていた〝胸が小さい人向けのランジェリー〟をつくろうと決意しました。というのも、足の小さい人がワンサイズ大きめの靴に中敷を入れて対応するように、下着も胸が小さい人はワンサイズ大きめのものを薦められることが多く、自分にぴったりのサイズというものがなかなか存在しなかったのです。

しかも当時は、胸は谷間があってこそなんぼ、ワイヤーで盛るのが主流でした。そうではなく、ナチュラルな着け心地でそのままの自分のボディラインを愛し、自分を大切にしたいと思えるランジェリーブランドをつくりたかったのです。

ところが、この構想に対する周囲の意見は否定的なものばかりでした。

「市場がニッチすぎてお金にならない」
「やる価値がない」

そんな声ばかりでした。そして、それらの言葉たちによって、いくらか自信がなくなってしまったのも事実です。

周囲からのネガティブな意見のなかでスタートしたブランドですが、結果的に5年たった今でもブランドは継続しており、このブランド単体での総売り上げも1・3億円ほど立っています。当初、**周りのネガティブな意見を真に受けていたらスタートしていなかったかもしれないブランドが、結果的に5年で1億円以上の売り上げを立てる**ことになりました。

もちろん、耳を貸したほうがいいネガティブな意見もあります。ただ、そうした意見を伝えてくれた人の判断が、常に100％正解ということはまずありません。常に

100点満点の判断ができる人がいたら、そんな人は今頃、世界のヒーローになっているでしょう。

どの助言を聞くかも自分の選択、そして助言をどのように生かすかも自分の選択というわけです。

また、成功するまでやり続けるというのも、ひとつの戦い方です。再起不能になるようなリスクを取りつつの継続はすすめられませんが、**正解にすること自体も自分で選べるのではないか**と思います。

「ご馳走」という名のブランド

周りからのネガティブな意見を真に受けつつも、ブランドの方向性はぶれさせませんでした。なぜなら、**成功するためのブランドではなく、ブランドを大きくするため**

の成功を私は求めていたからです。方向性を変えるのであれば、そもそもこのブランドをやる理由はないと思っていました。そして、ブランドの方向性が定まった後に決めたのが名前です。

当時、AカップからAAAカップは〝貧乳〟と呼ばれていました。私自身も含めて胸の小さな人にとって、気持ちの良い呼び方ではないのは明白です。もっとポジティブな気持ちになれる呼び方はないか。そう考えて出てきた言葉が「feast（フィースト）」でした。「饗宴《きょうえん》・ご馳走《ちそう》・もてなす」といった意味です。

この名前にたどり着くきっかけになったのが朝食です。私は朝の時間をとても大切にしているのですが、なかでも朝食はちょっと奮発すれば贅沢《ぜいたく》なものが食べられますし（ホテルなんかは特に！）、その日一日を活発に動けるので、とても好きな時間なのです。

朝起きて下着を選ぶタイミングは、嫌でもコンプレックスのある身体と向き合わなければいけません。そういうネガティブな瞬間を少しでも気持ち良く過ごせるように

「feast」イメージフォト（制作：寺本誠／くぼたえみ）

したいと思い、「朝の贅沢」という意味を込めました。

このイメージはブランディングにも反映させ、パステル調の色を多くして朝っぽい雰囲気を演出しています。


名前を決めた後、ひとまずＴｗｉｔｔｅｒで「Ａカップ向けのブラがない」とつぶやいてみました。コンセプトの時点でさんざん批判されたこともあり、自信がなかったので、まずはＳＮＳで反応を見ることにしたのです。そこで予想以上の反響があったので、次は試しにサンプルをひとつ手づくりして写真をアップしました。すると、最初に投稿したときよりも大きな反響が！　結果として1万リツイート以上拡散され、良くも悪くも話題になりました。

最初は「とりあえずつぶやいてみるか」という気持ちで投稿しましたが、その日のうちに「早く販売してください」というリクエストの嵐。慌ててＥＣサイトをオープンさせ、予約受付をしました。これが、２０１４年7月のことです。

まだこの時点では、洋裁ができる知人に依頼して50セットほどつくる予定でした。

「feast」スタート時のTwitter

ですからもちろん、最終的な生産工場などは決まっているわけがありません。

ところが、この50セットが数分で売り切れに。そして、購入できなかった人たちから非難の声が届くようになりました。

Ｔｗｉｔｔｅｒの通知がなりやまず、どうしたらいいかわかりません。こんなことならつくらなければよかった！ とも思いました。でも、それだけ必要としてくれる人がいること、楽しみにしてくれる人がいることも事実です。

それまでネットの炎上経験がなかった私は、さまざまな気持ちがこもった多くの声に怖気《おじけ》づいてしまい、何も考えずに追加で注文を受け付けてしまいました。

その結果、なんと、初日だけで500セットにまでオーダーが膨れ上がってしまったのです。

これは今でこそ話せますが、その時点から焦って工場を探しました。メーカーとしては悪手中の悪手です。結果的に、短納期で無理につくってもらった商品は撮影時に使ったサンプルと見た目も大きく変わってしまい、一部のお客さんから信用を失ってしまうことになりました。

とはいえ、今考え直しても、その当時取れた選択肢のなかでは苦しいながらも最善だったと思います。ただ、叶うことのないタラレバで、私が当時に戻れたとしたら、発送日を大幅に後ろ倒しにして謝罪しますね……。これはいまだにとても反省しています。

株式会社ウツワ設立

ウツワという会社名の由来は〝器〟。中身があってこそ役割を果たすものだから、会社というハコ自体に意味があるのではなく、その内側を大事にしたい。そう思って名づけました。

……というのは、半分は綺麗《きれい》ごと。実際は、状況的に法人化せざるを得なくなってしまったから「会社ごときに特に意味はないわ！」という投げやりな気持ちでつけた名前でもあります。「ｆｅａｓｔ」を立ち上げて約半年後のことでした。

では、なぜ法人化することになったのか。

それは、ｆｅａｓｔを立ち上げて5ヶ月ほどがたった頃。知り合いの先輩経営者に「法人化しろ。今年中に法人化しないのであれば、理由を説明しろ」と薄暗い焼肉屋で言われたからです。

その先輩は少し強面《こわもて》なこともあり、当時の私は「え、めっちゃ怖いじゃん……」と心底動揺しました。先輩によると、売り上げが1000万円を超えると法人のほうがいろいろな面で税務的にお得だから、法人化しない理由がないとのこと。

私自身は最後の最後まで法人化することに対してポジティブな気持ちはありませんでした（法人化後も2年くらいは、「なんで法人化したんだろう……」と思っていました）。

なぜなら、世間のイメージ的に「社長＝金持ち、嫌なやつ、搾取しようとしてくる」といった悪いものばかりだと感じられたからです。しかも、ずっとデザイナーに憧れていたので、〝社長〟よりも〝デザイナー〟という肩書きがほしくてたまりませんでした。ただ、人一倍ケチな性格なので税務上しょうがなく法人化することに決めました。手続きもよくわからなかったので、司法書士さんに全面的に任せた記憶があります。だから法人化の際に一番大変だったのは、法人印を印鑑屋さんにお願いしに行くことでした。

結局、2015年1月9日に「株式会社ウツワ」を設立。正直、今考えても法人化は早かったんじゃないかなと思いますが、いつだって**運やタイミングが自分に合わせてくれるとは限りません。早めに来てしまったときは、しょうがなく乗っからなけれ**

ばならないこともあるのだなと思いました。

商標の問題

「ｆｅａｓｔ」がヒットした後も、次の新作を楽しみにしているお客さんの声に後押しされ、落ち着くことのない日々を過ごしていました。

そんななかで私は日々Ｔｗｉｔｔｅｒで思ったことや感じたことをつぶやいていたのですが、そのうち「いやそもそも貧乳って単語ひどすぎない？　貧って何？」と感じるようになりました。

そこで、小さい靴のサイズを「シンデレラサイズ」と言うように、小さい胸のサイズを「シンデレラバスト」と言うのはどうだろうかとツイートしてみました。

そんなふとしたきっかけで生まれたのが、胸が小さいことをポジティブに表現する「シンデレラバスト」という単語です。各メディアが「シンデレラバスト」という単語を記事で取り上げて積極的に話題にしてくださったりしたおかげで、あれよあれよという間に数ヶ月で世のなかに定着していきました。ある日、テレビで「シンデレラバストという単語を知っていますか？」という世論調査をしていたときには、ついに来るところまで来たなという感じがしたものです。

ただ、この単語もこのまま幸せに使えていたわけではありません。

当時、ある知り合いの弁理士さんが「商標は取ってる？　もし取ってなかったら取ったほうがいいよ」とアドバイスをしてくれました。

そのときまでは、権利系は大きな会社になってから頑張るものだというくらいにしか思っていませんでしたが、彼の強いプッシュに押されて調査をお願いしたところ、ちょうどその数週間前に何者かが「シンデレラバスト」という単語を下着ジャンルで商標申請していたことが判明したのです。なんと「シンデレラバスト」という単語を使い始めて2～3ヶ月での出来事です。

そのときはまだ審査中だったため、それまでの自身のツイートなどが証明となり、私が言い始めた単語として、「シンデレラバスト」の商標は株式会社ウツワのものになりました。

この一件について、心情としては「酷《ひど》い！」という気持ちが強いですが、その一方で、**世のなかは経済的な合理性で動いている側面があるので、ある意味しょうがないこと**だなと思ったりもします。

大きな局面では多くの物事や選択が、経済合理性によって処理されていきます。合理的だから、それが選ばれるのです。私の商標が横取りされそうになったのも、倫理観を抜いて考えれば「経済合理性があったからしょうがない」とも言えます。

ひとりですべてをやっていた

タイツを製作していた時期に、人にお願いできる部分と自分がやるべき部分の区別をし、なんでも自分でこなして「やった気持ちになる」ことをやめようと学んだにもかかわらず、「ｆｅａｓｔ」の立ち上げ期は、企画デザインから写真撮影の手配、発送の準備までほとんどひとりでやっていました。たまに友人にお手伝いなどをしてもらうこともありましたが、たいていのことは自分でやったほうが早いし、そのほうがクオリティも高いと思っていました。

ただ、その腹の底では、自分でできることを人にお願いして、それにお金を払うのはもったいないと思っていたように感じます。単純に、最初に1時間もかけて説明をするのが面倒だったりもしました。そういった考えはすべて、私の視野が短期的なものに収まっていたことに起因しています。

中長期的に見ると、**「ひとりですべてやってしまう」ということは、自分のキャパシティまでしか物事が成長しないことであり、自分の調子が悪くなれば事業の調子も傾くなど、良いことはほとんどありません。**確かに短期的に見たら、今この瞬間の出費は痛いかもしれませんが、もし1年以上の大きな単位でプロジェクトを進めたいのであれば、目先の数週間のことよりも、年単位での動きを考えたほうが得だと思います。

私自身、スタートして1年くらいで中長期的に見て利益の大きいほうを選ぶ判断ができていたら良かったのですが、なんだかんだで2年くらいたってやっと気づきました。それまでの間は、目の前の仕事をこなすことで頭がいっぱいだったんですね。

クラウドファンディングの話

「feast」が売り上げを順調に伸ばしていくなかで、ワンピースブランドとして立ち上げた「GOMI HAYAKAWA」でも新しいことがやりたくなりました。そこで新作お披露目会に知り合いの若手クリエイターたちを呼び、未体験新型ファッションショーを計画しました。

当時の私は「人をデザインする」をモットーにしており、モデルのランウェイだけでなくDJ・VJ、ショートムービーなどで構成したパフォーマンスを行うことでストーリーを伝え、新しい価値観の提供ができないかと考えたのです。今でこそストーリーのある消費や自己実現の手段といったようなマーケティング手法は王道になりつつありますが、中学高校生時代にロリィタ服によって人生が変わった私自身の経験も手伝い、早いうちからそのようなやり方でブランディングするのがいいだろうと、なんとなく感じていました。

このときに発表した「RPG」シリーズのテーマは「強くなりたい。」でした。私自身、いじめの経験があったので、着ることで自分自身を守り、心が強くあれる服というものをつくってみたいと思ったのです。さらに、「着ることで強くなる」というメッセージを伝えるための空間を演出したかったので、ムービーと共にファッションショーをやろうと決めました。

ここで問題になったのが、やはり資金です。規模も大きくなることが予測できたので、クラウドファンディング・プラットフォーム「CAMPFIRE」を使って資金

「GOMI HAYAKAWA」第2弾ラインナップ「RPG」シリーズのテーマ

を集めることにしました。

　目標金額は25万円。会場レンタル代15万円と、プロモーションのためのショートムービー制作費5万円をまかなえればと考えました。

　ところが蓋《ふた》を開けてみれば、私の予想を大きく超えて１３４人のパトロンから、１４１万４１５０円を集めることに成功したのです。これによって、ショーの幅を広げることができました。

　ただ、実際にスタートしてみたら、想定より多くのクリエイターが参加して規模も大きくなったため、最終的には１５０万円ほどの出費となってしまい、差額は自分で補塡しました。

イベント自体が赤字になったことは経営的には決して良いことだとは言えませんが、悪いことだとも断言しづらいものです。なぜなら、**これをきっかけにハヤカワ五味やブランドのことを知ってくれた人、応援し始めてくれた人もいますし、私自身、イベントの大変さやそれによってブランドにどのような影響があるのかを知ることができました。**勉強代としては安かったと思います。

ライブハウス「渋谷GARRET udagawa」で開催された当日は、2回のショーがそれぞれお客さんでいっぱいでした。当時は、忙しさのなかでなんとかショーを完遂できた感動で胸がいっぱいでしたが、数年たった今でも「当時ショーを見に行きました」と言ってくれる方がちょくちょくいるので、やって良かったなと思っています。

預金残高との戦い

そもそも私は、衝動でものをつくっているところがありました。服をつくり始めたのも、「自分のほしいものをつくりたい」という思いからでした。だから、会社を設立してしばらくは、なんでもかんでもひとりで頑張っていました。

でも結局のところ、**私が苦手なものをいくら頑張っても、クオリティの高いものをつくることはできない**んですよね。というよりもむしろ、できないことのほうが多かったと思います。服も製造できないし、デザインもまあまあ。そのことに気づいてからは、自分が得意なこと以外は人に任せるようになっていきました。

具体的には、自分が得意な大局での戦略決めや対外的なコミュニケーションは責任を持って行い、逆にあまり得意ではないものづくりの部分に関してはデザイナーに任せたりなどしました。デザイナーという肩書きに憧れている自分としてはつらい決断でしたが、商品のクオリティは上がったので良かったです。

この選択ができるようになったのは、自分にとっては大きな成長だったと思います。

そのきっかけになったのが仲間との共同生活です。

もともと家族と仲が悪かったのはこれまでも書いてきた通りですが、作業場を構えるタイミングで「仕事が終わらないから帰れない」という、事実半分の雑な理由をつけて実家を出ることに。中野の築80年以上の木造平屋の家を借り、ブランドを手伝ってくれる人と共同生活をするようになりました。

ところがすぐに金欠に見舞われます。当時はブランドの収益もまだ安定しておらず、会社からの役員報酬をそのまま自社に戻すことも日常茶飯事。給料日なのに自分の口座に3万円しか残らないこともありました。また、交通費が捻出できず、取材依頼があっても現場まで行けないことも。学校までの定期券の範囲内でお願いすることも多々ありました。

そこで、オフィスで一緒に寝泊まりしていたメンバーから食費を徴収することにしたのです。といっても大した金額にはならないので、みんなでもやしと安い肉をおかずに、もらいもののお米で食いつなぐ生活をしばらくしていました。

おそらく、世間的には「社長」というキラキラとした肩書きも相まって、お金をたくさん持っている人だと思われていたでしょう。私がSNSをフォローして追っている人に比べると、どこをどう見ても貧乏でしたが、やはり中高生時代の同級生などから見たら「社長＝お金持ち」だったようで「ここのお会計、領収書で切れないの？」などと言われることも。それが嫌すぎて、その頃から中高生時代の同級生たちとは関わらなくなってしまいました。

それでもこのときの生活があったことで、**他人と一緒にものをつくる楽しさや難しさを学べた**と思っています。それと、**お金がないとここまで人の判断力は鈍るのかということ**も学びました。

ゴミと引き換えに400万円の請求書

「feast」を立ち上げてからこれまでに、大小含めてさまざまな事件がありました。今でこそ、ほとんどをネタにしていますが、当時は動悸《どうき》がして眠れないくらいしんどかったこともあります。そのなかでもっとも記憶に残っているのが、ハロウィンの時期に起こった出来事です。

もともとアパレル業界は考え方がクラシックで、新規でブランドを立ち上げてのし上がっていくには相当な努力と人脈が必要です。ですから、私のような世間知らずが**物怖《ものお》じせずにいろいろなところへ顔を出して泥臭くコネクションを築いていくか、もともとアパレル業界で働いて、工場や商社などに精通している人をうまく巻き込んでいくか**の2択が基本になります。創業してしばらくは特に強いコネクションがあるわけではなかったので、一緒に仕事をしてくれるアパレル経験者を探していました。

ありがたいことに、周囲にいた人たち経由で「私でよければ協力したい！」という人が現れ、さまざまな場面で協力してくれました。そういった多くの人たちのサポートなくして、ここまでの事業の成長はなかったと思っています。しかし、なかには大きな問題を起こす人もいました。

ハロウィン商戦を目前に控えた2015年の10月。初めて中国で量産をかけることにしたのですが、いつまでたっても音沙汰がありません。これが国内の工場であれば、工場長やスタッフに直で連絡を取れるので問題ないのですが、国外生産の場合は原則として仲介が間に入り、品質管理や納期調整などを仕切ります。このときは、仲介の経験も豊富だというある年上の女性が、業務委託として弊社に入っていたため、仲介をお願いしていました。

しかし、この女性を介して工場に何度も連絡を入れたのですが、まったく連絡がつきません。こうしたトラブルは割とよくあることだと理解していましたし、まだ決済をしていなかったこともあって、ハロウィン商戦については諦めモードでほかの商品に手をつけていました。

ところがハロウィンの3日前、その女性から「商品が完成したので本日発送します」との連絡が。突然のことなので驚きましたが、進捗報告が何もなくともちゃんと商品がつくられていることもよくあることなので、無事に発送されるのであればと気を取り直し、商品の到着を待つことにしました。

中国で生産したのであれば、到着は1週間後。ハロウィン当日には間に合わないものの、ある程度は販売できるだろうとこのときは思っていました。

しかし翌日、発送担当者のもとに大量の荷物が届きます。突然のことなので混乱しましたが、思いつくのは中国量産分。でも、前日に発送したとのことだったので、中国からの荷物と考えると、あまりにも到着が早すぎます。そこで発送元を調べてみると、国内からの発送だとわかりました。つまり、中国で生産が完了した時点でも、輸入の時点でも、さらには国内到着の時点でも連絡がなかったことになります。こちらから何度連絡しても、何も進捗を教えてくれなかったのに。

しかも商品を確認したところ、サンプルとはほど遠い仕上がり。ほつれなどもあり、明らかにB級品でした。それがひとつやふたつではないのです。これでは売れないどころか、400万円もかけてゴミをつくったのと大差ありません。進行管理についてはこちらにも非があると思っていましたが、さすがに商品のクオリティまで低いとは……。

すぐさま仲介業者の女性にクレームのメールを送ったところ、しばらくして返事がありました。

「小学生の喧嘩《けんか》には付き合ってられません。たくさんの在庫が来て売れる自信がなく不安なのはわかりますが、貴方《あなた》の会社なのだからもっとしっかりしてください」

この時点で、彼女が私のことを下に見ていることがわかりました。進捗報告やクオリティ管理に問題があるという点についての指摘や質問はまったくスルーされて、こんな言葉だけが返ってきたのですから。それだけでなく、悪意のある切り方をしたメールをほかの社員や関係メンバーに流したり、「社長としての才能がない、やめたほうがいい」「実力もないのに突然有名になっちゃってかわいそう」などと一方的に罵声を浴びせられたりと、さんざんな目に遭いました。

しかもこの状態では、こちらが何を言っても向こうには相手にされません。なぜなら向こうからしたら、私のどんな発言も「小学生の喧嘩同然のどうしようもないこと」であり、彼女自身は絶対に正しいという保身モードに入ってしまっていたからです。私より一回りも年上の人が、自分の心を守るために嘘や暴言を吐く姿には、ショックを受けました。

最終的にはＴｗｉｔｔｅｒ経由で相談に乗ってくれた方から、トラブルシューティングの専門家を紹介していただいて事なきを得ましたが、それがなければ本当に会社が潰《つぶ》れていたかもしれません。

学生で起業すると、さまざまな大人がサポートを申し出てくれますが、**相手をよく知らないうちに過信してしまうと痛い目に遭う**と、このとき学びました。人を見定めるときは、どういう実績を持っているのかをきちんと把握すること。そして、問題を起こす人は過去にも何かやらかしているケースが多いので、できるなら周囲の評判などもきちんと確認したほうがいいということを、身をもって知ったのです。

スタッフとのすれ違い

創業して1年がたった頃、3人いたスタッフのうち、2人が一気にやめてしまう事件が起こりました。ある日、連絡が突然つかなくなってしまったのです。1人は前述した中国との生産のやりとりをしていた人。もう1人は「もうやってられません」というメッセージと共に、嫌がらせとして請求書を持ち逃げしていきました。

人と人ですから、反りが合わないこともあります。それは仕方のないこと。でも、もっと穏便な方法があるんじゃないか、お互いにもっと良い形があったんじゃないかと当時は思い悩みました。

また、「私もいろいろな人と会って勉強をしたい」と言っていたスタッフのために会食をセッティングしたのですが、後日、会食時の時給を請求されたこともあります。私から誘ったわけではないにもかかわらず、そんなことが起こることが驚きでしたし、それ以来、スタッフと食事をすることがしばらく苦手になってしまいました。

それ以外にも経営者とスタッフの関係になるとさまざまな面でコミュニケーションの壁にぶち当たります。ちょっとしたコミュニケーションを怠るだけで、後々にとても大きな問題になってしまいます。

でも、こういった経験が大きな教訓になっているのも確かです。**私から見たらスタッフは複数いますが、スタッフから見たら社長は私ひとりだけ。**1対nではなく、きちんと1対1の関係を築くことが重要なんだとこのときに学びました。

インターンで学んだこと

高校生の頃は自身でタイツを販売し、大学生になってからはアパレルメーカーを立ち上げて社長になってしまったこともあり、私にはアルバイト経験が一切ありません。そうしたなかで、私にとって多くの気づきを与えてくれたのがインターンシップでした。

当時は「社長をやりながらインターンなんておかしい！」と言われることもありましたが、自分に対して親身にフィードバックをくれる立場の人が限りなく少なかったので、さまざまな学びがあったと思っています。

とはいえ、世間の声に耳を傾けていると、〝上司〟という生き物はなかなかに嫌われがちな気がしています。では、私がたまたま恵まれた状態でインターンシップができていたのか。そう問われると、半分は正解だと思います。が、それと同時に「信頼できる上司のもとにしかいなかった」ということも大きかったのではないかと感じています。

私の場合は志願制のインターンシップだったので、自分から上司を選んで働かせてもらっていました。当然ながら私が選択したわけですから、信頼関係も早期に構築でき、アドバイスも受け入れやすかったのだと思います。

アドバイスをもらう側の姿勢ができていないと、誰も相手にしてくれません。だからこそ、自分が尊敬できる人と一緒に仕事をすることの重要性をひしひしと感じます。

ちなみに、私が大学在学中に参加したインターンシップは次の4つ。もともとコミュニケーションデザインの仕事に興味を持っていたこともあり、広告系の会社がメインでした。

大学1年……面白法人カヤックの中期インターンシップ
大学2年……電通のサマーインターンシップ
大学3年……SEGAの2daysインターンシップ
大学4年……クリエイティブエージェンシーの中期インターンシップ

このインターンを通じて学んだことのひとつに、〝人の悩みの多くはすでに誰かが経験している〟というものがあります。

生きているうえで悩むことは誰にもあると思います。私自身「なぜ私だけこんな目に……」と考えて絶望したことが数多くありました。でも、**完全にオンリーワンの悩みはほとんどなく、大体は誰かしらがすでに経験しているもの**なんですよね。かつて、会社のスタッフと面談しているときも「あ、今の言葉って、インターン先の上司が私に言っていたこととまんまだな」と思うことがたくさんありました。そのように自分が通ってきた道にいる人を見ると「おそらく今ここらへんだけど、それを指摘すると反発されるだろうからこう伝えたほうがいいな」と自分自身が先輩にしてもらったように、少しだけ手を差し伸べられることがあります。

また、自分の弱さを知るきっかけにもなりました。大学4年生のとき、クリエイティブエージェンシーでインターンシップをしていた際のエピソードです。プログラムの最後の課題としてクライアントのマーケティング部門のトップに「若者について」わかるようにプレゼンテーションする課題が出されました。

途中報告の日。準備不足もあり、自分としても良くも悪くもないプレゼンテーションをしてしまったのですが、それが露呈して上司から惨憺たるコメントを浴びることになりました。

「こんなしょうもないプレゼンして恥ずかしいと思わないのか？」

「お前は頭がいいからなんとなく乗り切ることができるけど、なんとなく乗り越えられてもまったく良くない」

言葉こそキツイですし、人によっては「最悪！」と思う人もいるかもしれません。しかし、私の頭にはガツンと響きました。それと同時に、別の人から似たような指摘を受けていたことを思い出しました。

「五味ちゃんは自分が正しいという気持ちが強すぎるあまり、傷つくことから逃げるし、人のアドバイスをはね除《の》けてしまう癖があると思うんだよね。そうすると、アドバイスしてくれる人も減っていくと思うよ」

悔しくて上司の前でボロボロ泣きました。それまでは、誰かに相談したり弱みを見せたりするのは、自分がダメだと思われるようで恥ずかしいことだと考えていました。その結果、自分のプライドを守るためにクオリティを犠牲にすることが多々ありました。それに気づいて反省すると同時に、ぬるい仕事ばかりしていた自分のことを見捨てず、面倒を見てくれた上司に頭が上がらなくなりました。

その後、私は必死で準備をして、あらためてプレゼンテーション資料を仕上げて本番の日を迎え発表しました。すると、質疑応答時の来場者からの反応が普段とは明らかに違います。上司からも「すごい良かったじゃん!」とひと言。このときのことは私の脳裏に今も焼きついています。

それ以降、ただ目の前のことをこなすのではなく、すべての仕事に責任を持って臨んでいます。また、保身の心はなくなり、**あくまで良い成果を世のなかに生み出していくため**に、一つひとつの仕事にプライドを持って取り組めるようになりました。

正直、インターンシップ中はまったく成果を出せていなかったことを大いに反省しているのですが、それを当時の人事担当者や上司に伝えても「今がいい感じだからいいでしょ」というスタンスでいてくれるので、とてもありがたいです。お世話になった方々には、何かしらの形で少しずつ返していけたらと思っています。

ブランドの派生

「feast」の売り上げが順調に伸びるなかで、2016年は新しいことに取り組むことにしました。それが「feast」よりも少しセクシーなデザインで展開することにした姉妹ブランド「feast secret（フィーストシークレット）」と、細身ワンピースブランドの「ダブルチャカ」です。

特に後者は、それまでありそうでなかった〝痩せている女の子に似合うワンピース〟ということで、東京と大阪で開催した受注会も盛況でした。

この細身ワンピースブランドは、**既製品を身体に合わせてお直しをするとシルエットが変わってしまうという私自身の課題を解決したいという想い**からスタートしてい

Double Chaca

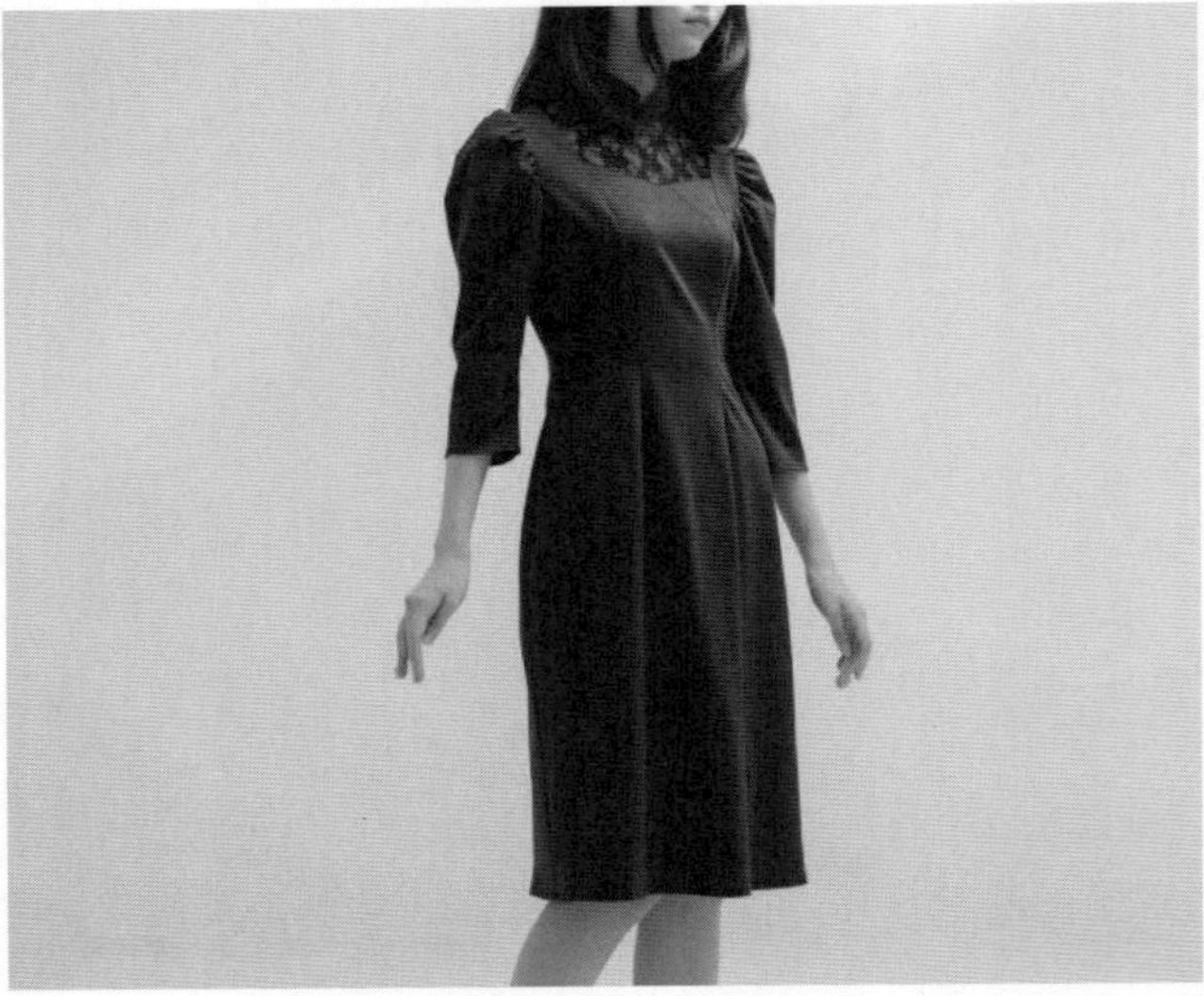

「ダブルチャカ」ロゴ（上）と商品（下）

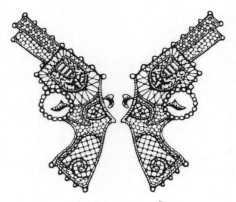

ます。デザインは極力シンプルに。細身の女性のすらっとした美しいシルエットが引き立つように心がけました。

とはいえ、近年は安価で多様な服を選択できるようになりました。「ダブルチャカ」の役目は終わったと考えて、2019年7月に終了することにしましたが、最後の最後まで多くの人に愛されるブランドだったことに誇りを持っています。

ラフォーレ原宿への出店

ブランドとしての相性もさることながら、何度か出店したポップアップショップの売り上げ実績が良かったことから、ラフォーレ原宿から「実店舗をオープンさせないか」というお話をいただく機会が何度かありました。

しかし、私は実店舗のオープンに慎重でした。というのも、商業施設に出店するとなると膨大な固定費が発生するうえに、営業時間や休日を自社で決めることができません。しかも、コンスタントに営業するためには店舗スタッフを雇う必要もあります。できるならば、もう少しブランドの体力がついてから出店するのが得策だと考えていました。

そんな私に火をつけたのは、あるフロアの区画が2018年の春に空くという情報でした。そこは、あの地下1・5階。私が中学生の頃から通い続けた、ロリィタファッションの聖地です。幾度となく足を運び、私をとても幸せな気持ちにしてくれた場所に、私のブランドに恋い焦がれる子たちが来てくれることを想像したら、ふつふつと込み上げてくるものがありました。

もちろん、実店舗があれば売り上げを伸ばすのにも繋がるという経営的判断もありました。でも、そうした**数字で測れるもの以上の価値が、中学生時代にロリィタ服と出会ってから長く抱いていた自分の夢を叶えることにはあるのではと考えた**のです。

しかもこのときは、経営者になって丸4年がたつタイミングでした。節目となる5年目に向けて、ブランドの価値をさらに高めていく必要もある。そういった決意の意味も込めて出店を決めました。

いざ決意したものの、オープン日まで十分な時間はありませんでした。急ピッチで空間設計や店舗スタッフの募集をしなければ。

店舗のデザインなどに関しては、知人を通してアートディレクターの方を紹介していただきなんとかなりましたが、販売員採用に関しては最後の最後まで苦戦しました。というのも商業施設は、毎日規定の営業時間中、絶対に販売員不在にしてはいけないので、ある程度の人数を確保しなければならないのです。さらには年末年始などでも、営業時間のシフトは空けずに組まなければなりません。

そういった困難をなんとか乗り越え、2018年2月、株式会社ウツワの旗艦店となる「LAVISHOP（ラビショップ）」がラフォーレ原宿の地下1・5階にオープンしました。コンセプトは〝女の子のための秘密基地〟。「feast」や「ダブルチャカ」といったウツワ社ブランド商品はもちろん、セレクトアイテムも取り揃えました。

店舗をオープンしてからは、遠方から来てくださる方や、まだ学生で買えないけれ

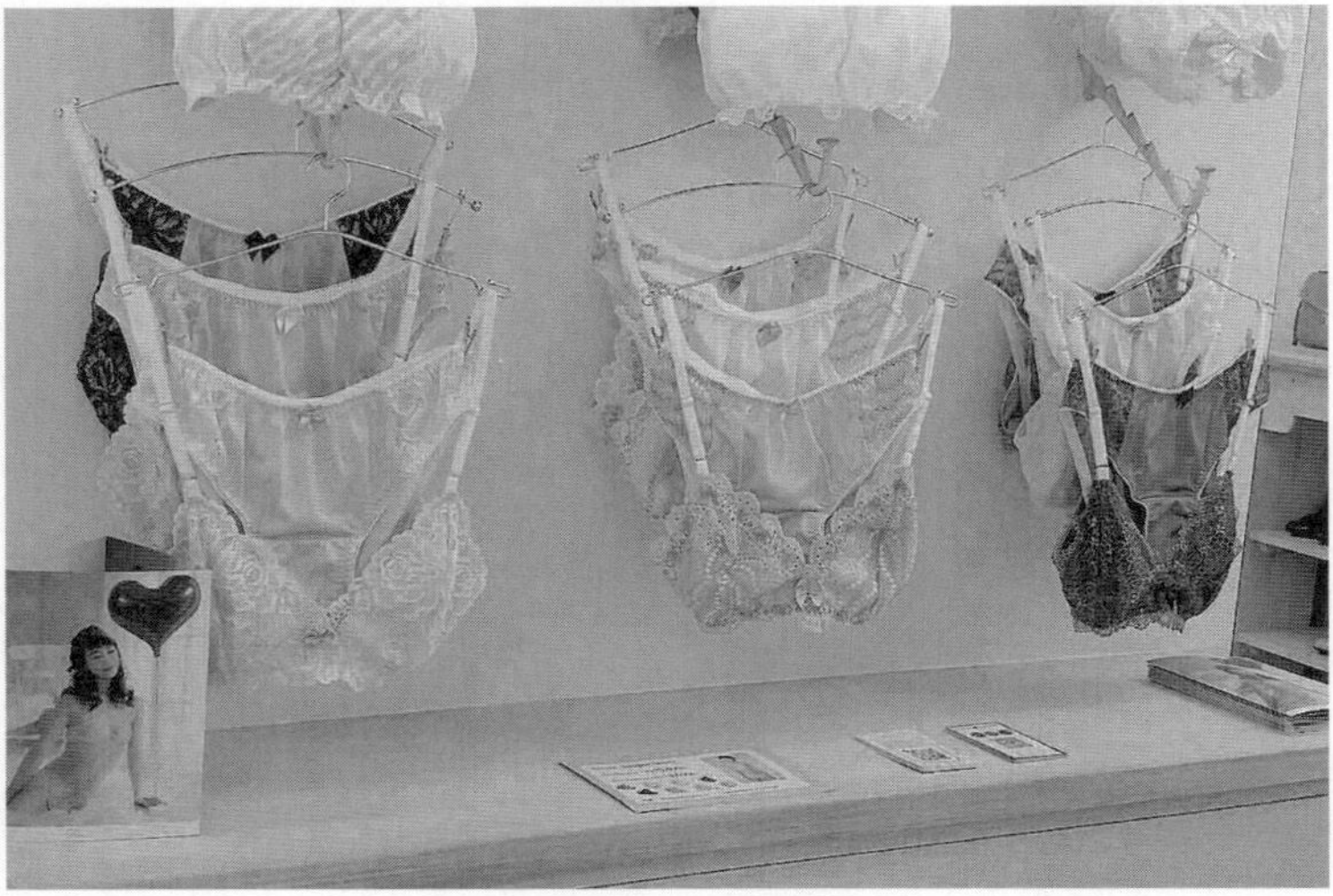

LAVISHOP店頭の様子

ど気になって来てみたという方など、さまざまな方にご来店いただきました。特に、それまではオンライン限定の展開なうえ試着をする機会もなかったので、インターネット検索で実店舗の存在を知り、下着の試着をしに来られる方が多かったように感じます。スタッフもフランクかつまっすぐにお客さんとコミュニケーションを取っていたので、ただモノを売る場所ではなく、コミュニティとして成立し、それが商品開発にもしっかり還元されていたなあという印象でした。

また、自分自身の夢を自分自身の手で叶えたという経験を経て、ここからはいったん**自分の夢だけでなく、より社会にとって意味のあることをしてみたいと思えるようになった**のも、出店したおかげです。

店舗に関しては、会社の方針もあって2019年の8月末をもってクローズしましたが、今後なんらかの形で、コミュニティのある店舗をまたつくりたいと思っています。

超えられない1億円の壁

ブランド立ち上げ当初から目標にしていたのが、〝年商1億円〟という数字でした。一時期は、この目標を達成するまでは本を出さないと決めていたほどです。それくらいに達成したい目標でした。というのも、「小売業は年商で1億円を超えないとまったく話にならない」と言われ続けてきたからです。

しかし、5年ほどブランドを継続していくなかで、この数字を達成することはできませんでした。売り上げは右肩上がりで、2018年の時点で6500万円くらい。「2019年こそは！」という思いでしたが、その前に私の気持ちが折れてしまったのです。

そもそも私は、経営者になりたかったわけではありません。それに数字的な目標を追うのも苦手。明らかに経営者に向いていなかったわけです。それをさまざまな経営者と出会うなかで、身をもって感じるようになりました。

そこで、先ほども名前が挙がった「ダブルチャカ」と「ＬＡＶＩＳＨＯＰ」の２ブランドをクローズし、「ｆｅａｓｔ」の継続と新規事業の立ち上げに専念することにしました。

人はつらい決断ほど先延ばしにする傾向が強いですが、いかに大きな決断を躊躇《ちゅうちょ》なくしていくかも、より良い選択をするためには大切なことだと思います。

ここまでは、私が生まれてから現在に至るまでの出来事を綴ってきました。この第3章では、そんな経験を経て、今の私が現代の社会をどう捉えているか考えていることを綴りました。

私が立ち上げたビジネスは、インターネットの時代だからこそ実現できたものだと思っています。

インターネット以前と比べて、あらゆるモノ・コトとの距離や時間が圧倒的に縮まったといえるでしょう。結果、良い面ももちろんありますが、悪い面も浮き彫りになってきました。

そして現代では、さまざまな側面からモノ・コトを捉え、自分と異なる主義や主張も切り捨てることなく、並存させていくことが求められていると感じています。

あなたは今を、どんな時代だと感じていますか?

第3章

社会を知る

選択は並存していく

インターネットが照らしたものたち

インターネットの登場により、その以前と以後では世界が大きく変わったのだと思います。私は1995（平成7）年生まれで、物心がついたときからインターネットがある世代。ですから憶測の域を出ませんが、インターネットが登場したことによって多くの人が多種多様な情報に、気軽に触れることが可能になりました。

それまではどうしていたかといえば、いつだって誰かが編集した情報を得ていたわけです。たとえば、テレビや雑誌など。

また、ひとつのことを見るときも、多方面からそれを捉えることは難しく、常にある面からの情報しか得られませんでした。しかし最近では、日本と諸外国の外交問題が毎月のように起きていますが、私たちは日本サイドからも、外地からも見解や情報を得ることができます。

ほかにも、今まではないことにされていたさまざまな人たち――具体的にはLGBTを含めたマイノリティなど、多様な人たちの存在が照らされることになりました。

Twitter上では、強者も弱者も平等に140文字が与えられるので、これまで世のなかに晒《さら》されることのなかった声が広く漂うようになります。それによって、私のようにマイノリティ向けのブランド展開をしても、さまざまな場所から多くの人がアクセスしてくださり、選ばれるようになりました。

ただ、全員が同じく140文字を持ってしまったからこそ、その140文字で他者を傷つける人も出てきましたし、より多くの価値観に触れざるを得ない状況で私たちは生きていくことになりました。

この「より多くの価値観に触れざるを得ない状況」というものは、心の準備ができていない人にとってはやや厳しい状況だなと感じます。

なぜなら、表現の自由、価値観の自由、発言の自由といった断りがつくもののなかには誰かに不快感をもたらすものが少なからずあるからです。誰にも不快感をもたらさないものであれば、ことさら〝自由〟という言葉を使って権利を主張するまでもないものであるはず。誰かの自由がすなわち、自分自身のストレスフリーな状況であるとは限らないのです。

このようにインターネットという無限の繋がりによって、良い面も悪い面も照らされることになりました。インターネットのおかげで**すべての人に平等に情報が行き渡るかと思いきや、これまで以上に情報格差が広がり「調べることができる人」が力を持ち始めている**ような気もしています。だからこそ、事業者側もユーザー側もあえて(面倒ではあるけれど)能動的に情報を選べる社会にしていく必要があると思いますし、私のやる事業でも大切にしています。

目指すは〝並存社会〟

インターネット以前における価値観は、ある種、その土地やコミュニティに根ざしてつくり出され、ゾーニングされているものだったと思います。だからこそ、地域や国ごとに価値観の差がありましたし、距離が遠ければ通信費がかさんだり、やりとりに時間がかかるなど情報交換も容易ではなかったため、それぞれが侵されることなく成立してきたのでしょう。

しかし、インターネットが定着した現在、さまざまな価値観が交差し、ぶつかってしまうことは避けられません。にもかかわらず、公用語がひとつだけで多様性を持ちづらい日本は、そのような場合、どうやってこれまでにない価値観と共存していけばいいかという経験値が低いのです。相容《あいい》れない別の価値観でさえも受け入れなければならないのではないか、自分たちに内在化させなければならないのではないか、自分たちが否定されているのではないかと感じている人も多いのではないでしょうか。

たとえば、選択的夫婦別姓（正式には選択的夫婦別氏）に関してさまざまな議論が行われていますが、選択的夫婦別姓が可能になったとしても「夫婦同姓」の権利が剝奪されるということはありません。かといって、夫婦同姓論者の人たちみんなが夫婦別姓の人たちを認めなくてもいいわけです。夫婦別姓を認める必要があるのは法律であって、夫婦同姓論者の人たちではないのですから。

そのように、本来は意見が相容れない人たちは、そのままで存在することが可能なはずです。**社会が新しい選択肢を認めるということは、現行の選択肢が否定されたわけではありませんし、それぞれの考え方を受け入れようと、そうでなかろうと、どの選択肢も法律のうえで存在し得る**のです。

だからこそ、私は無理にお互いを認め合うのではなく、あくまで並行して存在する「並存」というあり方をしていける社会がいいのではないかと考えています。

そもそも私が「多様性」というキーワードを意識し始めたのは、いつの間にか「同じような仕事観／人生観」の人ばかりと交流を持つようになったときです。経営という仕事をしていると、どうしても交流関係が偏っていきやすいもの。実際、「同じような仕事観／人生観」の人と話していると気が楽ですし、知りたいことを知ることができます。ただ、私が提供するサービスを利用する人たちは、私と「同じような仕事観／人生観」とは限りません。むしろ、私と「同じような仕事観／人生観」を持つ人は、全国的に見たらごく一部のマイノリティでしょう。だからこそ「同じような仕事観／人生観」の人とばかり交流をしていると、新しい発見や「ここここそがビジネスチャンス」といったものには出会いづらかったりします。それゆえに、最近では多様な価値観を持つ多様な人たちと、あえて積極的に交流を持つようにしています。

多様性は、ビジネスにおいても重要性が再確認されつつあります。

たとえば、米マッキンゼー・グローバル・インスティテュート（MGI）が2015年に発表した研究結果によると、労働の面で女性が男性と平等となり、同じ就労率で同じ時間、同じ部門で働くならば、世界のGDPは2025年までに28兆ドル（26％）増えると推定されています。

生物学的にも疫病その他で全滅するリスクが低いなど、画一的ではなく多様性があることの重要性は、自明とも言えるレベルになっています。実際、ビジネスの場であっても画一的な価値観ではなく、さまざまな価値観やものの見方があったほうが、より多面的な検討が可能で、さまざまなリスク回避が期待できるのです。

自由市場に投げ出された私たち

インターネットがさまざまな価値観や文化を照らした一方で、すべての売り手と買い手をオンラインでマッチングさせることになったのも事実です。

これがどんな結果をもたらすかというと、市場が完全な合理性をもって動き始めるということです。つまり、**すべてのモノ・コトがオンライン上で経済合理性を元にやりとりされ始める**、そんなインターネットにおける自由市場に私たちは投げ出されたのです。

インターネットにおける自由市場でマッチングされた売り手・買い手の例は、メルカリやジモティーに代表される、一市民同士のモノのやりとりがあります。

ガラケーが登場してまもなく、オークションのような物々交換のシステムは登場しましたが、メルカリが誕生して圧倒的に変わったことといえば、売り手と買い手の多さでしょう。どんなにマニアックな本であろうと、一度世のなかに出たものであれば、たいてい誰かしらが〝売り〟に出しています。「これは本当にいらないでしょ」というような不用品であっても、ジモティーに無料で出品すれば、数時間で何かしらの連絡が来るものです。おかげで私にとって、真の意味での「不用品」はほとんど存在しなくなり、不用品の処分にお金を払うことも少なくなりました。

そういったポジティブな面がある一方、都合の良くない売り手と買い手のマッチングも起きてしまうのがインターネットです。そして、ＳＮＳという個人が繋がるプラットフォームによって、それらはより加速しています。

たとえば、これまで男女のマッチングは、基本的に住んでいる場所や置かれている環境に依存するものでしたが、インターネットの登場によりさまざまな障害が取り払われました。結果、一例ですが、「お金に困った女性」と「若い女性を買いたいお金を持った男性」が簡単にマッチングできるようにもなってしまったのです。これが現

SNS等に起因する被害児童者数の推移

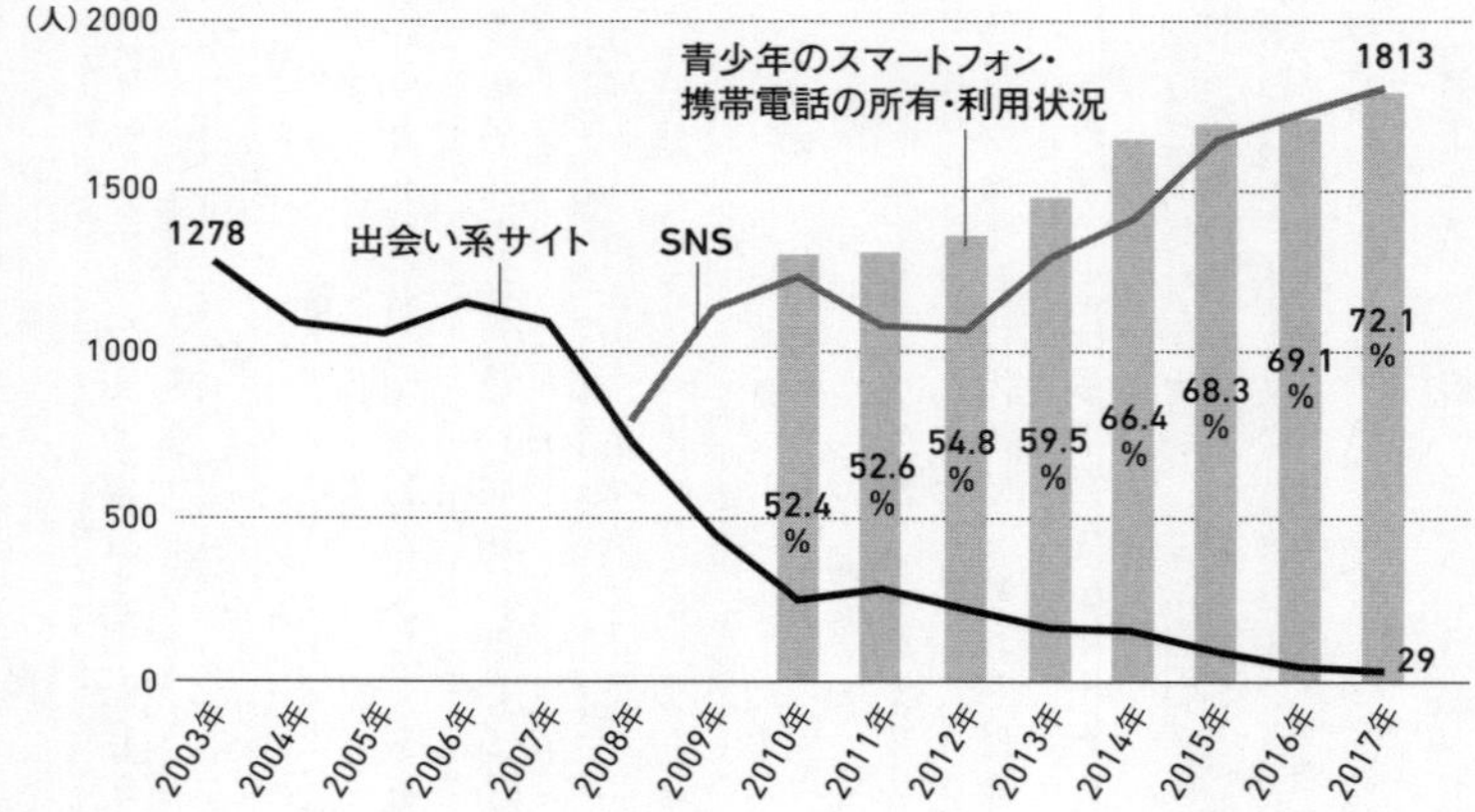

児童ポルノ事件の検挙件数の推移

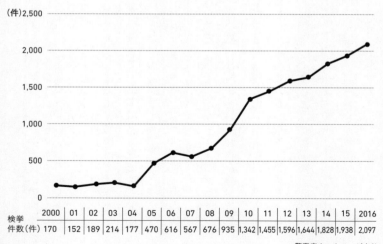

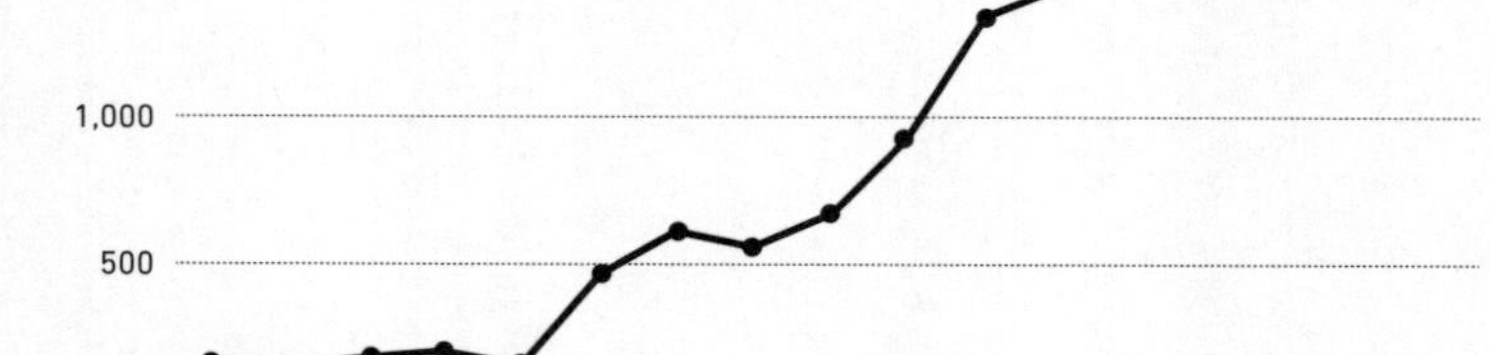

	2000	01	02	03	04	05	06	07	08	09	10	11	12	13	14	15	2016
検挙件数(件)	170	152	189	214	177	470	616	567	676	935	1,342	1,455	1,596	1,644	1,828	1,938	2,097

警察庁ホームページより

在の「パパ活」と言われるものなのではないでしょうか。

このような、良いとは言い切れないマッチングに関しては、当事者同士が納得し合意した状態であれば、外野の私にはそれらを評論する権利はないように思います。ただ、当事者が納得できる状態にない場合、たとえば公的な助成サービスにアクセスできていない状況での「性の換金」だったり、「性的接触」という単語止まりの性教育を受けた若年層だったりが、そのようなマッチングに巻き込まれてしまうのは健全な状況とは言えない気がします。

どうせなら、人同士のヘルシーなマッチングはもちろん、公的機関と人の健康的なマッチングが、より一層進んでほしいですね。

自由恋愛は誰を幸せにするのか

お見合いなどで結婚相手が決められ、家同士の都合で男女が結びつけられていた時

20代男性の異性との交際経験

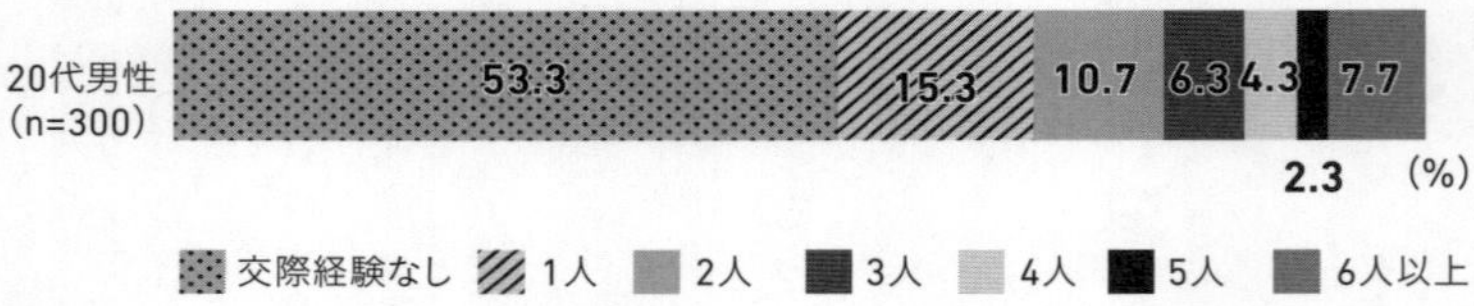

(株)明治安田総合研究所「20〜40代の恋愛と結婚(第9回結婚・出産に関する調査)」より

代からしばらくたち、現在は恋愛結婚が主流になってきています。いい塩梅《あんばい》での自由は恋愛をより良いものにしてきましたが、インターネットにおいて完全な自由を手に入れた恋愛というのもまた厄介なものだなと感じています。なぜなら、すべての売り手買い手がマッチングできてしまう場合は、圧倒的強者と圧倒的弱者が出てきてしまうからです。

インターネットによってすべてが合理的に繋がってくると、これまでオフラインという場だからこそ存在した偶然、つまりは市場における弱者に対する偶然的な幸せが成立し難くなってきます。

たとえば、インターネットがなかったときは出会いの場も限定的であり、限られた母数のなかでマッチングが行われていたので、比較対象というものも必然的に少なかったはずです。これが、インターネットによって場所を選ばずさまざまな人とコミュニケーションが取れ、仲を深めることが可能になれば、比較対象は無限になります。

そうなると、男性の場合は収入など他者と比較されやすい項目のレベルが低かった場合、圧倒的に不利になります。最近では、20代男性の交際未経験率が半数を超えているという統計結果もありますが、それらはもしかしたらインターネットで無限に人と出会い、再会ができる環境になったからこそ、選択肢からあぶれてしまったという可能性もあるのではないかと考えています。

自由というと素晴らしい響きですが、その実、**完全な自由とは合理性が強く働き、一部の強者が有利になり、一部の弱者への救済措置がなくなりやすいもの**です。では、本当に私たちがほしいと思っているのは「自由」なのか。はたしてなんなのだろうかと一度考えてみてはいかがでしょうか。

ジェンダーとは何か

ジェンダーとは、たとえば、男性が働き女性は家に入るといったような〝社会的な役割からくる性〟のことです。こうした、日本で良しとされてきた「控えめで奥ゆかしく男性を立てる」とか「働くのではなく家庭を支える」といった女性像が形づくられたのがいつかを調べてみると、意外と最近らしく驚きました。「良妻賢母」というワードが一般的に使われ始めたのは、明治時代中期だそうです。その背景としては、大きな経済成長や変化があったからと推察できるのではないでしょうか。

よくよく考えてみれば、時代劇では女性も働いています。ということは、江戸時代などでは女性も働き手としてカウントされていたはず。「良妻賢母」とか「家庭を守る女性」というイメージは、あくまで上流階級の人たちの思想だったのでしょう。なぜなら、男性の収入のみで生活ができる背景がないと成り立たない考え方ですから。

ちなみに「専業主婦」という言葉も大正以降に誕生したそうです。それでも当時はまだ珍しく、1955～60年頃に完全に定着したものとされています。今では、ここまで全国民で共有する「幸せな形」「幸せな生き方」といったものもほとんどないので、よくこのように定着させられたものだなあと驚いてしまいます。

そう考えていけば、専業主婦も夫婦同姓も比較的最近できたものなのに、あたかも数百年数千年の歴史があるように語られ、守られていることには強い違和感を抱きます。本当にそれらは守るべき価値があるのでしょうか。数十年の歴史があるだけで、不利益を被る人が存在し続けていいのでしょうか。

今からでも、家族のあり方をあらためて議論する余地はまだまだあるように思います。**夫婦別姓や専業主夫という選択肢は存在していますが、社会の雰囲気的に〝選びづらい〟ものになってしまっている**と感じています。だからこそ、今一度一人ひとりがそれぞれに合うスタイルを自由に選択し、新しい文化として定着させる余白をもつくっていくべきではないでしょうか。

専業主婦は高度経済成長期の夢物語

この2010年代で社会は大きく変化しました。その一例として挙げたいのが、共働き世帯の増加です。

私たちの親世代が青春を過ごした1980（昭和55）年は、専業主婦が1114万世帯なのに対し、共働きは614万世帯しかいませんでした。「男性は仕事、女性は家庭」という考え方が当たり前だったのも頷《うなず》けます。

ところが、この数字は徐々に変化していきます。

私が生まれた1995（平成7）年では、専業主婦が955万世帯、共働き世帯が908万世帯とほぼ半々になり、2018（平成30）年では、専業主婦が606万世帯、共働きが1219万世帯と、1980年とは真逆の数字になっています。

この背景には、男性の収入低下が挙げられます。実際、30代男性の収入は、物価が上がっているにもかかわらずこの20年で6・6％ほど下がっています。ここまでゆる

共働き等世帯数の推移

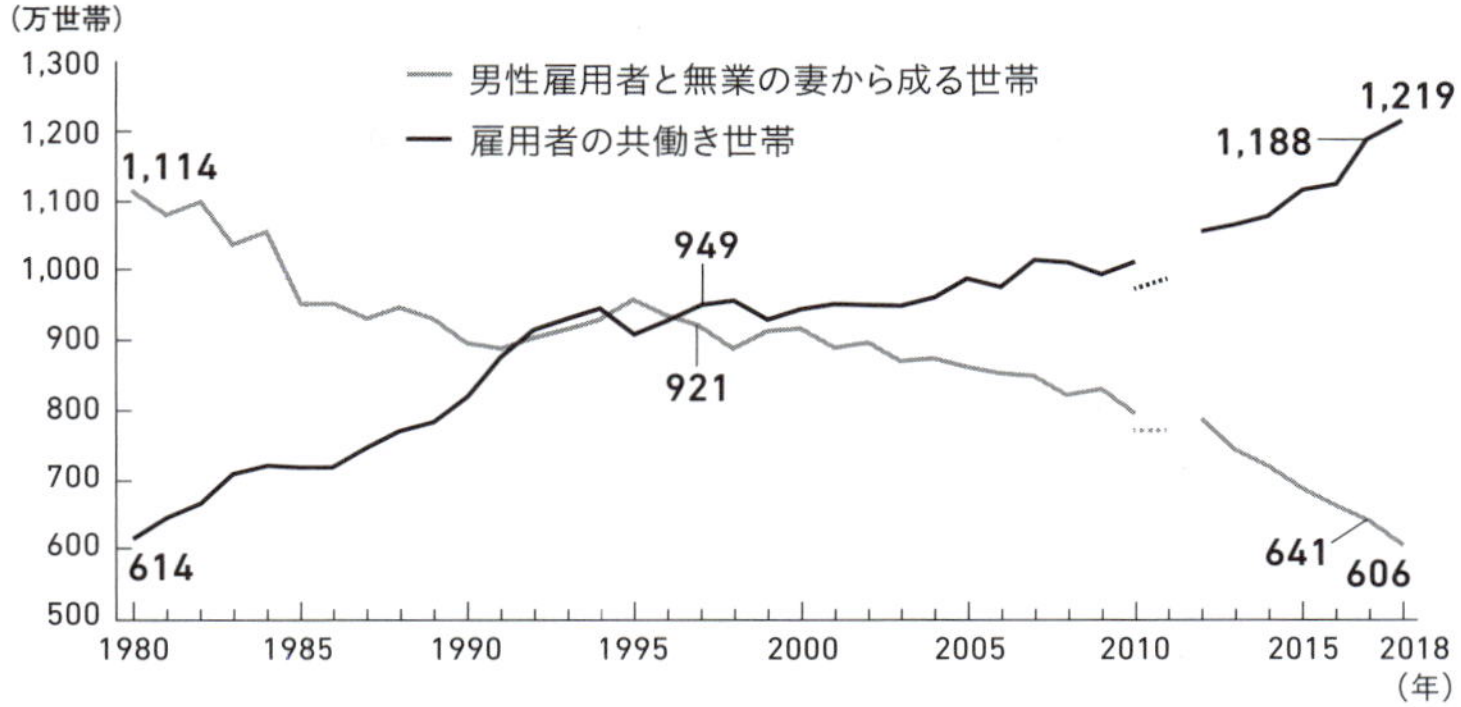

2009年および2010年（点線表示）は、岩手県、宮城県、福島県を除く全国の結果
内閣府男女共同参画局「男女共同参画白書（概要版）平成30年版」より

やかな貧困が進んでしまうと、**男性だけの稼ぎで家庭を支えるのは相当難しい**ものです。高度経済成長期のように、男性だけの収入で家庭を支え、女性は育児に専念するという、40年以上前の〝当たり前〟を実現することが何より難しい時代なのです。

ここまで女性が働かざるを得ない時代となり、実際に多くの女性が働くようになれば、昔からの価値観が通用しなくなるのは明白です。当然ながら、家事や育児を分担しなければ、家庭は成り立たないでしょう。場合によって、女性のなかで特に稼ぐことのできる人が、夫に家事・育児に専念してもらうというパターンも存在して自然

男女間所定内給与格差の推移

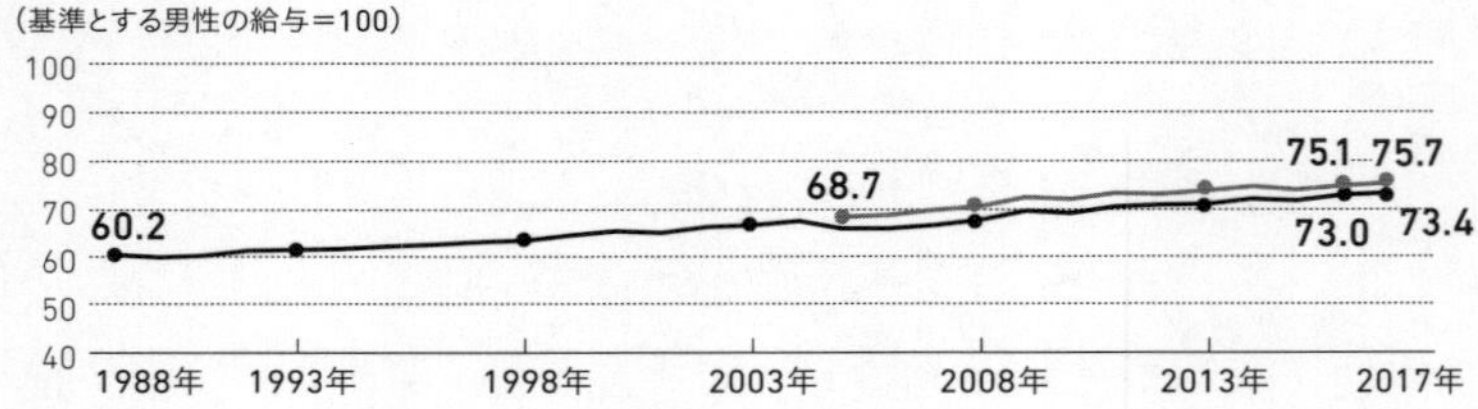

— 男性一般労働者を100とした場合の女性の一般労働者の給与基準

— 男性正社員・正職員を100とした場合の女性正社員・正職員の給与水準

内閣府男女共同参画局「男女共同参画白書（概要版）平成30年版」より

だと思います。

それなのに、まだ昔ながらの価値観を引きずっている人が男女共に大勢いるように感じます。２０１９年現在、「女性／男性」という性別による収入格差があるのは事実ですが、今後も世界的潮流として収入の性差は引き続き縮まっていくでしょう。

そうなってきたときに、〝女性だから〟とか〝男性だから〟といった理由で家族のスタイルや仕事のスタイルを決めることほど虚《むな》しいことはありません。男女関係なくしょっぱいものが好きな人も辛いものが好きな人もいるように、性別と得意としていることの相関性は強くないはずです（性ホルモンとそのホルモンの働きに関しては、相関性がありますね)。さらに、ITや技術の発展により力仕事や体力を必要とする仕事も減っていくので、**思考方法や得意不得意こそが仕事の選定にも重要**となってきます。そんな時代において、歴史の浅い〝男が稼ぎ、女が家庭を〟という構造は、男性にも負担が大きすぎますし、女性にとっても一部の家庭向きな人以外にはつらいものです。

ようやく、男性が育児休暇を取得する例も見られるようになっていますが、それもまだごく一部でのこと。むしろ、男性が育児休暇を取得して会社に戻ると居場所がなくなっているといった、組織絡みの嫌がらせも見受けられます。

私自身、これだけわかりやすく仕事大好きというキャラでいるのにもかかわらず、「女性だから稼ぎが少ない」という眼差しを向けられることは少なくありません。けれど、自分が働いて家庭の大黒柱になり、パートナー(私は異性愛者なので男性になりますね)が家庭を支えるといった組み合わせにもとてもポジティブです。そういった考え方の人でも、結婚という選択が取りやすい社会が実現したらいいなと思っています。

マイルド貧困

現代の若者を知るうえで外せないことのひとつに「お金がない」ことが挙げられます。1989（平成元）年と比べても、国立大の授業料は1・58倍、年金支払額は2・05倍、消費税率は3・3倍に増えています。それなのに20代の平均年収は1997年をピークに減少傾向……。この状況で、昔と比べて「モノが売れない」「若者の車離れが進んでいる」などと言われても、どうすることもできないですよね。

若者はできるだけお金をかけずに楽しめるものを求めるようになっています。そこで人気を集めているのがシェアリングエコノミー。車、自転車、宿、服、家具など、今ではさまざまなものが気軽に借りられるようになっています。それだけでなく、マンガアプリや動画配信サービスなど、無料で楽しめるものも昔以上に充実しています。借りたり、無料で楽しんだりすることが前提になると、買って所有する必要がなくなるわけです。

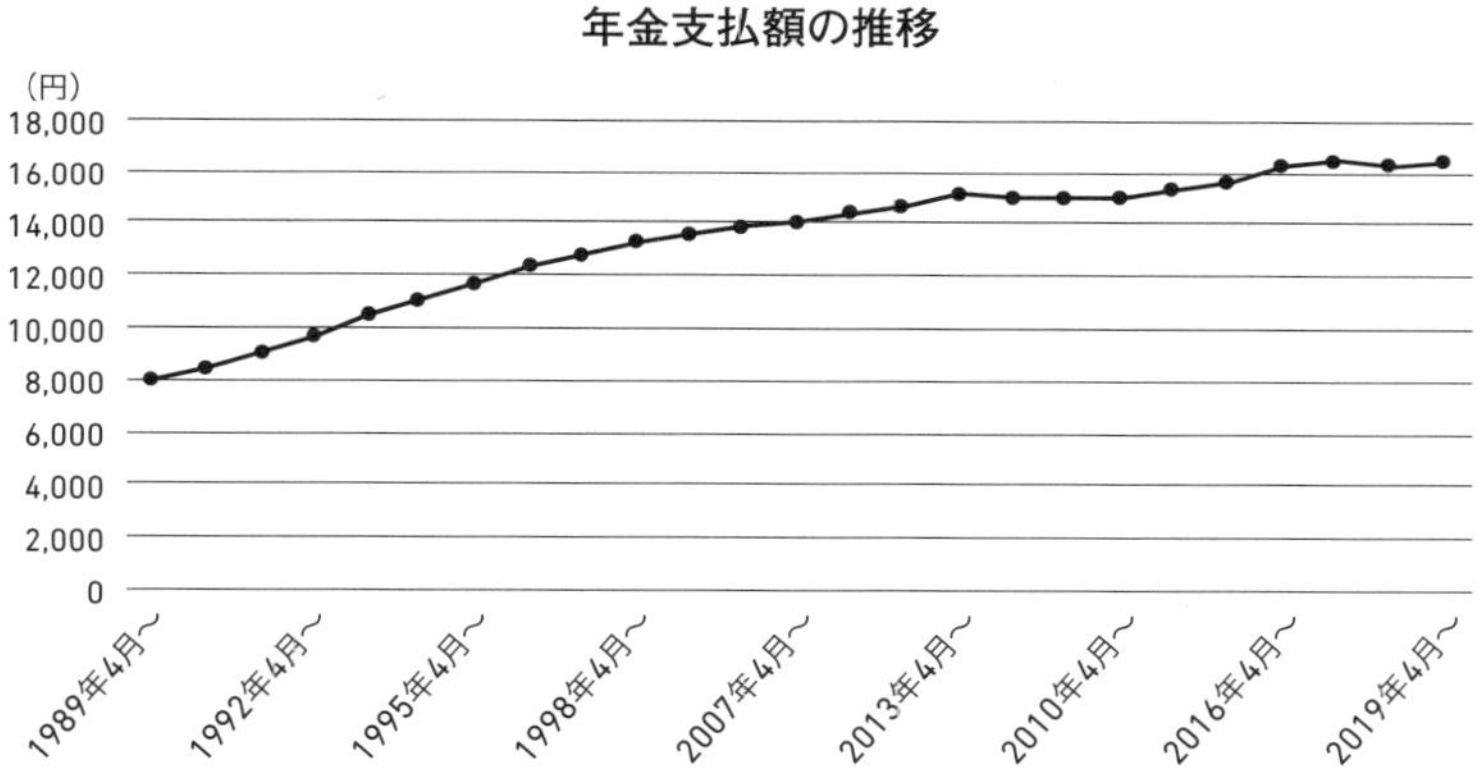

日本年金機構「国民年金保険料の変遷」より

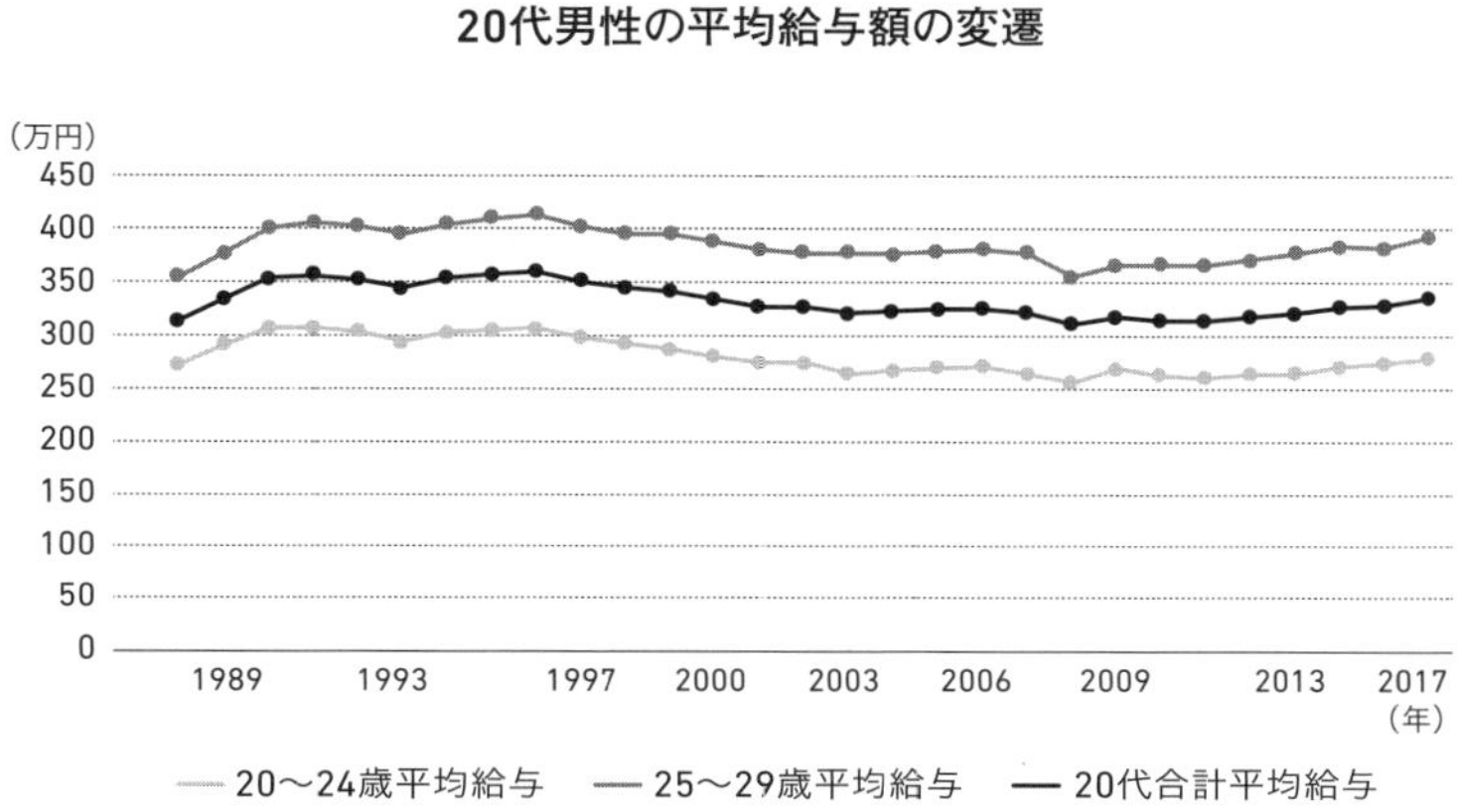

国税庁「民間給与実態統計調査」より

そして、買うとしても売れることが前提になっています。私たちには、フリマアプリという強い味方がいるからです。

たとえばメルカリ。このサービスのコアユーザーは10～20代の女性（2017年時点）ですが、彼女たちは売値を確認してからモノを購入するようになっています。1万円で購入した服を2、3回着て6000円で売れたら、実質4000円で購入したことになるからです。以前、妹に「そのブランド、メルカリで売れないからやめたほうがいいよ」と言われたことがあるのですが、それくらいシビアに考えています。

では、こんな状況で私たちはどのようなアクションを取るべきなのでしょうか。

それは、「日本がゆるやかに貧困に向かっている」という事実を認めることが第一歩だと思います。そのうえで、日本がたどってきた歴史を振り返り（なぜここまで経済的に成長できたのかなど）、他国にも目を向けてみる必要があると思います。

もちろん、日本もまだまだ捨てたものではないと思っていますし、今すぐほかの国に行けと言っているわけではありません。ただ、**経済的に圧倒的な勢いを持っていた**

頃と違って、現代は自分の成し遂げたいことのためには国外に目を向けたほうがチャンスをものにできる可能性が高い場合もあると思います。日本国内だけで完結していた時代は終わった、とも言えるでしょう。せめて、日本語以外にもう一ヶ国語くらい話せると、その分取り得る選択肢も増えてきます。

インターネットでさまざまな国の情報が多角的に得られる時代なのに、使える言葉が日本語というだけで得られる情報の幅が狭くなってしまうのは本当にもったいないことです。視野を広げていきたいですね。

終身雇用の崩壊

私の妹がちょうど就職活動の時期に突入し、アドバイスを求められたこともあって、あらためて就職について考えるようになりました。

彼女の主張はひとつだけ。

「安定した会社に入りたい」

でも、ちょっと待った。この場合の〝安定〟とは何を指すのでしょうか。

社会的知名度のある企業に入社すること？　歴史の長い会社に入れること？　それとも、公務員になること？

大企業に入社したのはいいけれど、上司からパワハラを受け続けるとしたらそれは安定していると言えるのでしょうか。それに会社が倒産する可能性を１００％払拭することはできません。特にこの時代は。だから、**「会社に対して安定を求めるのは得策ではない」**というのが私の持論です。

ところが、そうした合理的な判断ができないのが就職活動。「今、大変なことをしたくない」という気持ちが先行するあまり、就職後の10年20年、いや人生１００年時代であれば70年以上の果てしない期間、苦労するような道を選んでしまいがちです。

こうやって文字にするとあまりに不合理なので笑えてしまいますが、実際、このように短期的なメリットを優先し、中長期的なメリットを考慮しないことはよくあります。特に未来が不透明な場合などは、中長期的な不確実性を含むメリットを取るよりも、今現在のメリットを確実に得たほうが安心感もあります。それがいかに、中長期的には大きなリスクになったとしても。

だからこそ、私が提案したいのは、今現在の安心感を今すぐ捨てろという暴論ではなく、今後、中長期的に何かあった際に随時方向転換できるような柔軟性を持つことと、そしてそれを実現するためのスキルや健康な精神状態を大切にすることです。

正直、これだけ不況の時代に生まれたジェネレーションZ（およびミレニアル）世代の人たちは、どんよりとした不安定な未来のために今、少しばかりの犠牲を払うことがとても難しくなっていると思います。だからこそ、**その場その場で危険を回避し、より自分の納得する場所に身を置けるスキルを身に付けることこそが安定の本質**なのではないでしょうか。

転職者数の推移

	総数	15～24歳	25～34歳	35～44歳	45～54歳	55～64歳	65歳以上
2008年	335	72	102	69	43	40	9
2009年	320	62	96	69	41	42	9
2010年	283	53	82	62	38	39	10
2011年	284	52	82	65	38	40	10
2012年	286	52	81	65	40	38	10
2013年	287	52	77	65	40	41	11
2014年	291	55	76	67	41	40	12
2015年	299	54	80	65	45	41	14
2016年	307	58	77	60	51	43	17
2017年	311	57	79	67	50	42	15
2018年	329	63	78	65	55	49	20

単位／万人
総務省統計局「労働力調査（平成30年度版）」より

さらに詳しく〝安定〟について考えていきましょう。

私にとっての安定とは、あくまで自分個人に紐《ひも》づいているものです。なぜなら、自分以外のものに紐づいている安定は、変数が自分以外のものにあることになります。

つまり、自分の意思で安定を継続するのが難しいということです。だから私は、どれだけ状況が悪くなったとしても、自分ひとりで緊急脱出もできる状態になることが安定なのではないかと思うのです。

また、安定というと金銭面のことばかりが取り上げられますが、人生100年時代の今は、心身が健康な状態でいることのほうが大事ではないかと思います。

最近では、経団連の会長が「終身雇用を前提とすることが限界になってきている」と言っています。また、トヨタの社長も「終身雇用を守っていくのは難しい局面に入ってきた」と発言していました。では、どの会社が私たちに安定をもたらしてくれるのでしょうか？

人口が減り、経済成長率も落ち着きつつある日本で、現状維持していくことは、本当の意味で〝安定〟なのでしょうか。じりじりと〝安定した調子〟で不景気に、貧困に向かっていくことを示しているのではないかと私は思います。

多すぎる情報が奪っているもの

料理レシピサービス国内最大手のクックパッドの2019年12月期第2四半期業績

の営業利益が、前年同期比71・2%のマイナスとなったそうです。さらに、3年前の2016年と比べると、平均月間利用者数が1000万人以上も減っているという驚くべき数字も明らかになりました。

この原因として、登録レシピ数が多くなりすぎ、ほしい情報にすぐにアクセスできない、探すのが面倒くさい、文字を読むより動画のほうがいい（競合となる料理動画サービスも登場）、SNSのほうが気楽にアクセスできるなどという声が上がっているといいます。かつてはテレビの料理番組やレシピ本に頼っていたものが、インターネットの普及によりレシピサイトが台頭。それが飽和状態になった今は、より気軽にアクセスできるSNSを参考にしているわけです。

料理に限らず、**なにごとにも飽きやすくなっている私たちは、より気楽に、より短時間で楽しむことができる短いコンテンツに、興味の軸を移しつつある**と感じています。YouTubeやTikTokといったショートコンテンツの台頭は、それをよく表している例でしょう。その裏には、現代人の集中力の低下という要因もあるように思います。

なぜここまで現代人の集中力が続く時間は短くなってしまったのでしょう。

最大の要因は、IT技術の進化に伴う環境の変化にあるとされています。

まず、私たちを取り巻く情報量そのものが、飛躍的に増大しました。米調査会社IDCによれば、1年間に生み出されるデジタルデータ量は、2000年の62億ギガバイトから、13年は4・4兆ギガバイトと約700倍に膨れ上がっています。これは今後も増え続け、20年には44兆ギガバイトまで膨らむと推定されているのです。

本来ならば情報量が増えるのは喜ばしいことのはずですが、**これだけ膨大になってしまうと、どの情報が自分にとって有益なのか、選別すること自体が難しくなってきます**。多くの人が良しとするもの、人気のあるものに興味が集中してしまうのもいたしかたないのかもしれません。

さらに、LINEやTwitterをはじめとするSNSの新たなコミュニケーション手段が登場したことも、集中力の持続時間の低下に拍車をかけました。ほかの作業をしている際にも、SNSが更新されたことを告げる着信音がなると、気になって中断してしまうことはありませんか？　また、フォローしている人がリンク付きの

インターネットの利用者及び人口普及率の増加

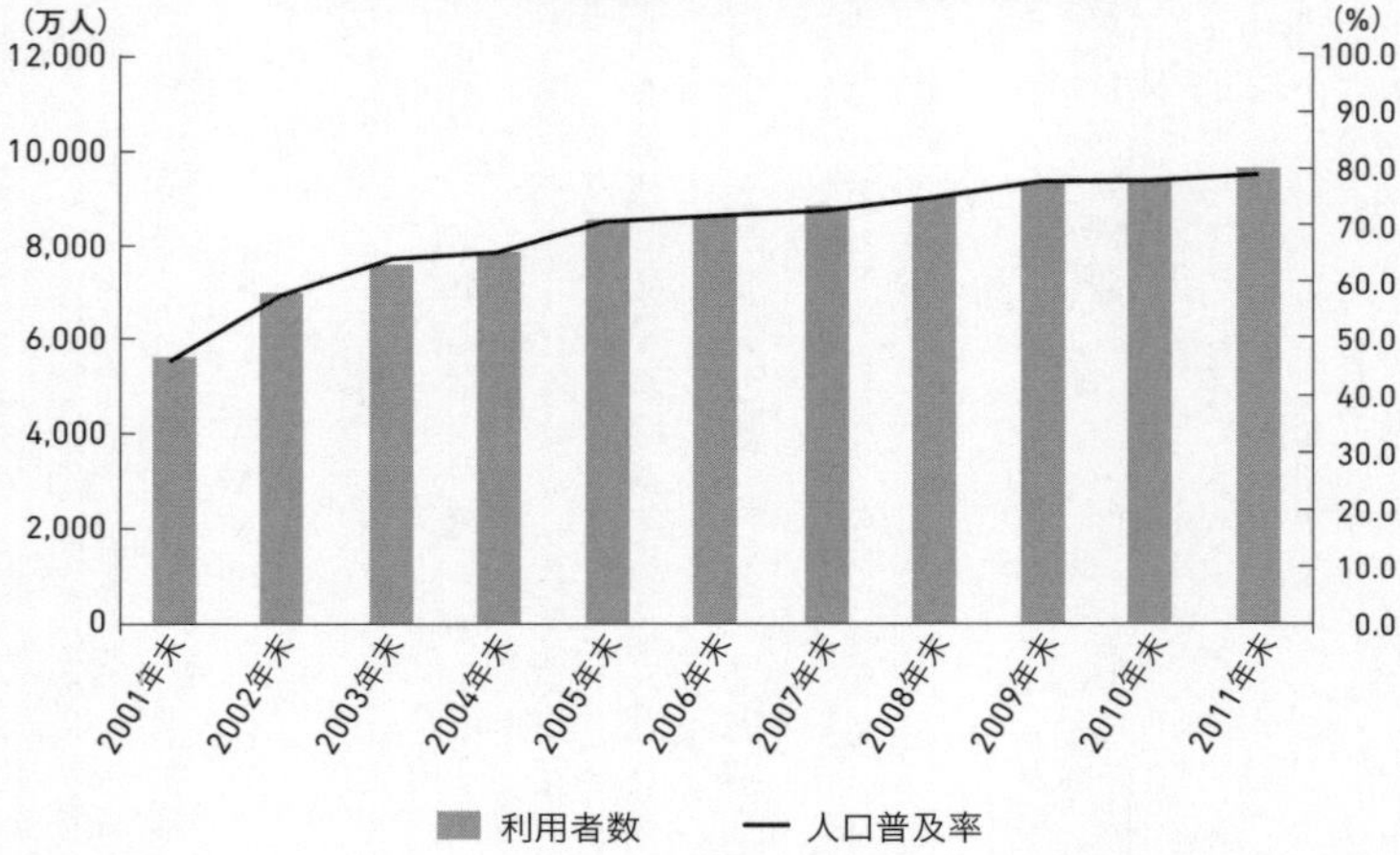

出典:総務省「通信利用動向調査」(2011年)

SNS名	サービス開始年月
LINE	2011年6月
Twitter	2006年7月（アメリカ） 2008年4月（日本語版）
Facebook	2004年（アメリカ） 2008年5月（日本語版）
Instagram	2010年10月（アメリカ） 2014年2月（日本語版）

ビッグデータによるデジタルデータ量の増加	
2000年	62億GB
2003年	320億GB
2006年	1610億GB
2007年	2810億GB
2010年	9880億GB
2011年	1兆8000億GB
2013年	4兆4000億GB
2020年	44兆GB（推定）

出典：IDC「The Digital Universe Decade in 2020」（平成24年12月）等

投稿などをしていると、ついついクリックして確認したりしていないでしょうか。

こういったマルチタスクの脳の使い方は、集中力を著しく損ねると言われています。SNSによる「作業の中断」や「リンク先にある短いコンテンツの拾い読み」によって**たくさんの情報を漠然と受け取ることで、ひとつのことに集中できなくなっている**のです。

「情報の豊かさは注意の貧困をつくる」。ノーベル経済学賞を受賞した知の巨人、ハーバート・サイモンが1970年代に看破したように、身の回りにあふれる情報が人間を振り回し、集中力を奪っているのです。

フェミニストとフェミニストが対立する日

私はフェミニストです。

そう自己紹介すると、多くの人が一歩引いた目で見てしまうのではないでしょうか。これは日本国内で世間一般的に認識されているフェミニスト像が、一部の過激な発言に引っ張られているのだと思います。

さまざまな解釈や時代性があるものの、**そもそもフェミニズムは、女性が参政権を持てないなど、性差別によって起こる格差をなくしていき、平等に権利を行使できる社会の実現を目指すためのもの**であるはずです。これが日本ではなぜか「男性以上の権利を女性に与えるように要求している」と捉えられてしまっています。

そのような解釈になってしまう根底にも、女性に対するジェンダー・バイアスがあるのではないかと思うのです。たとえば、女性が怒りを露《あら》わにすると「女性はすぐ感情的になる」とひと括《くく》りにラベリングする人がいます。でもよく考えてみると、怒りの感情は男女関係なく存在します。そして、沸点は人それぞれであり、性別で区別できるものではありません。感情的にならない女性もいれば、感情的な男性もいます。

ラベリングといえば、女性が結婚や育児を理由に会社を辞めたり、休暇を取ったりする場合、「もともと子どもができたら辞める気だったんだろう」「女の幸せに目覚めたんだろう」というように、批判的に言う人がいるのもどうなのかなと思います。

残念ながら今の日本社会では、同じ能力であっても女性のほうが男性より給料が低い傾向にあります。ですから女性が家庭に入るという選択をすることには、ある程度の妥当性があるのです。経済合理性の面から家庭に入ることを選んだ人もいるのに、それと女性の感情の面をごちゃ混ぜにして議論するのはいかがなものでしょうか。


「女性＝感情的」と捉えられてしまうのは偏見による部分が多くありますが、ただの偏見ではなくそれが学者によって論じられていたという歴史背景も忘れてはなりません。感情的な葛藤が原因で現れる病的な症状をさす「ヒステリー」は、そもそも「子宮」を意味する古典ギリシア語に由来する言葉です。現代でこそヒステリーは男女共に認められますが、当時は脳や精神の機能について知られていなかったため、婦人科系の病気だということで子宮に関連づけられたそうです。

ちなみにその頃は、宗教上、女性が性行為を望むことは異常だとされたため、そのような欲求不満からくる行動はヒステリーであり病気であるとされていました。逆に性欲がなければないで、それはまた別の病気とされていた説もあります。なんでもありですね。

そのように、ジェンダーギャップには気が遠くなるような歴史があり、ジェンダーによってできないことがあり、選択肢も決められていた過去があるのです。では現在はどういう状況なのでしょうか。ひとまずは、ルール上で平等性が確保されつつあり、今までのように「女性にも参政権を」とか「人間としての権利を」という共通した大目標は大方達成されています。そして「ジェンダー平等」や「フェミニズム」と一言で表しても、それぞれの思想に合わせた主義主張にかなり細かく分岐してきているように思います。

私はフェミニズムのなかでもリベラル寄り（一般には個人主義的とされている）の主張に共感することが多いのですが、国内の大きなフェミニズムトレンドのなかではリベラル派閥は少ないので、そこから見ると「フェミニストと名乗りづらいな」と思う瞬間もあります。同じフェミニストであっても考え方が多様化しているので、私のようなリベラル寄りの主張に反対する人ももちろんいます。ですが、大別すれば同じ派閥のなかで、どっちの主張が正しいかを叩き合っても意味がないのではないでしょうか。途中まで歩む道が同じであれば、そこまでは手を取り合って共にものごとを進めてもいいと思うし、歩んでいくなかでお互いの意見がブレーキになりながらも、より良い最終形態を目指していくのがベストだと思います。

同調する意見はもちろん心地いいですし、たくさん摂取したくなる気持ちもあります。ただ、**100%同じ意見は絶対に存在し得ないので、アクセルになる意見と共にブレーキになる反対意見も取り入れられる人が増えたらいいな**と最近感じます。

自分と意見が異なる相手は「敵」ではありません。

自分の主張を通すために、異なる意見すべてを叩き潰す必要はないのです。「私はそうじゃないと思う」と発言する、それでいいのだと思います。イ・ミンギョン著『私たちにはことばが必要だ　フェミニストは黙らない』（タバブックス）にも「すべての人に説明し説得する必要はない」と書いてありましたが、そういうことだと思っています。

傷つきたくない文化圏

1995年生まれの私は日本の定義だとギリギリ〝ジェネレーションZ〟と呼ばれるクラスタになります。この〝ジェネレーションZ（以下GZ）〟とは〝ミレニアム世代〟のようなある世代の総称なのですが、**GZは1990年代半ば以降に生まれた「生まれたときからのデジタルネイティブ」の世代**を指すそうです。

2027年には全世界でGZの比率が3分の1を超えると言われており、これからこの世代のことを考えていく必要があるよねと、特に中長期スパンの議論でよく使われているマーケティング用語です。

ただ当事者としては、よくあるGZの解説書的なものを読んでいると、違和感を覚える部分が多い印象があります。というのも、私個人としてはそれらの書籍に共感する部分が多いのですが、周りの友人や自分の妹、SNS世代の日本の若者に当てはめようとすると、現実との乖離《かいり》を感じるからです。そこで私は、日本のGZはGZというよりも、〝傷つきたくない文化圏〟の民なのではないかと思うのです。

具体的には、たとえばモデルのローラさんがやっていることは、英語圏のインフルエンサーとしてはかなり鉄板で支持されやすい事柄だと思います。ただ、それが日本では「意識高いw」とか「CMモデルは黙ってろよ」といった感じになりやすい。支持している層ももちろん一部ありますが、インターネットメディアの取り上げ方やSNSでの反応はネガティブなものや揚げ足を取るようなものが多く見られます。GZの解説書的には、ローラさんのやっていることは王道で間違いなく支持されてしかるべきなのに、実際にはそうはならない。そこが世界と日本との乖離を感じる部分です。

では、日本のGZ世代は、世界のGZ世代が称賛することに対して、何がそこまで

「気に障る」のでしょうか。

ここからは私の仮説になるのですが、「GZの解説書的なことは、余裕がある人でないとできないことだからイラッとする」のではないでしょうか？

日常生活のなかで、環境問題や動物愛護など広く社会問題になっていることに取り組んでいる姿勢を見せられると、そういったことに考えが及ばない自分の現状に気づいてしまうことになり、反発せざるを得ないのではないでしょうか？

一方、国外の場合は、そもそも芸能人というよりも大きく成功しているセレブリティがかっこいいものとされ、尊敬される点も挙げられます。たとえば、バットマンやアイアンマンといったアメコミにおけるヒーローたちも大富豪で慈善家です。その一方、日本の場合だとより身近なタレントが参考とされやすいことも、世界と日本でGZの価値観に差が出たひとつの要因かなと思っています。また、アメリカでは募金や社会貢献への意識が個人・法人問わず高いのが一般的です。だからこそ、日本の場合は個人・法人問わず個人主義に感じてしまいます。

ここでさらに、経済環境の側面からこのギャップを見てみましょう。まず、1970年にスタンフォード大学で行われた「マシュマロテスト」というものを紹介します。この実験は、4歳の子どもに対して行われました。

実験を行う部屋には皿が置かれた机があり、皿の上にはマシュマロが1個載っています。実験者は被験者である4歳児と共に部屋に入るとこう言います。

「私はちょっと出ていきます。机の上のマシュマロはキミにあげるけど、私が戻ってくるまでの15分間、食べるのを我慢していたら、マシュマロをもうひとつあげる。でも、私が出かけている間にそれを食べてしまったら、ふたつめはなしだよ」

こうして実験者は部屋を出ていくわけですが、このときに15分間待てた子どものほうが、長じてから大学入試の点数が高かったのだそうです。

ですが、この実験は実は再現性がなく、さらに言えば、大学入試で良い点数が取れるかどうかは、マシュマロテストで良い結果を出すかどうかよりもお金を持っている家庭環境か否かが関係しているという説もあります。

つまり、**金銭的な余裕がないと中長期的な合理性よりも、短期的な合理性が先行すると**、私は理解しました。それはつまり、エコとか政治とか中長期的な（ように見える）ことは余裕がある人しかできない。自分にはできないことだからこそイラッとする、つまり「傷つく」のではないでしょうか？

社会全体が貧困に向かっているかどうかというと難しいところですが、若者に限定すると「生活が厳しく余裕がない人が増えている」と思います。つまり、中長期的な良さや魅力というよりも「今、私にとって良いことか」が特に強く重要視されていて、それが国外のGZ論との乖離を生み出しているのではないかと考えられるのです。

では、〝傷つきたくない文化圏〟とはなんでしょうか？

それはすべての人が多かれ少なかれ感じているであろう「傷つきたくない」という気持ちを最優先にしている文化圏です。

これまでの世代も「傷つきたくない」という気持ちはあったでしょうが、その願いが叶うことはまれで、何かしらの傷を受けながらも生きてきた人や、傷ついた場合に次からそのゾーンに立ち入らないようにする人が多かったと思います。それが**インターネットや各種サービスの普及によって「傷つかなくても生きていける」、そして「傷つかなくても生きていけるという権利を行使していい」ということが実現されつつあるのがGZ世代**なのではないでしょうか。

しかも、これまで交わることのなかったコミュニティの人たちが、インターネットを通してお互いの生活や価値観の違いを目にするようになってしまいました。だからこそ「自分よりも傷つかずに生きている人がいる」ことへの嫉妬の感情も生まれますし、自分から情報を得に行って自ら傷つく機会も増えてきたのだと思います。

さらには「#metoo」などのムーブメントの解釈もあらぬ方向に向かい「自分が傷つけられたら、相手を人生から退場させることもアリなんだ！」と正義（？）の炎を燃やす人も増えたように思います。

最近のＴｗｉｔｔｅｒでは、毎週のように違ったテーマで議論の皮を被《かぶ》ったネットリンチが許容されているように見えるのですが、これで良かったのでしょうか。

ここで先ほどの話に戻りますが、私は、

「経済的・精神的に余裕がなくなる」

↓

「自分にはできないことをしている人を見ると、劣等感で傷つく」

↓

「傷つきたくない文化圏では、傷つけられた場合ぶん殴っていいっぽい」

↓

「めちゃくちゃぶん殴る」

といった流れが、昨今のＴｗｉｔｔｅｒでの苦手な空気感の正体かもしれないと仮説を立てています。とはいえ、大昔から人を罰することやそれを見ること（公開処刑など）は娯楽とされているので、ここまでそのエンタメが完成されてしまっている今、Ｔｗｉｔｔｅｒに代わる〝人に上下関係のできないＳＮＳ〟が生まれない限り、もうこの苦手な空気感の変革は難しいのかなと思っています。ただ、この〝上下関係のできないＳＮＳ〟はＩｎｓｔａｇｒａｍが「いいね」の数の表示を廃止するなど、少しずつ議題になりつつある部分ではあります。

自分は差別・被害を受けていないという幻想

痴漢や性差別などについて被害を公にすると、本来、非難されるべきでない被害者が非難され、加害者は非難されないといった謎の構図をよく見ます。「自分は差別・被害を受けていない」ということだけなら、事実を伝えているだけなので、過剰に批判することはできません。ただ、そのようなことを主張する人たちには、「自分は差別や被害を受けていないから、ほかの人も本来はそうであるはずだ」「頑張れば差別・被害を受けずに過ごすこともできる」という、他者も自分と同様だとみなすニュアンスを含む主張が多いため、なんとなく心のどこかに引っかかっています。

まず、前提として私の主張で一貫していることは**「（性別だけでなくさまざまな分野で）偏見やバイアスがゼロなんて脳の構造上まずあり得ない」**ということ、そして**「権利や力を持ったうえで、そのポジショントークを他者にも当てはめようとするのはダサいし、それ自体が差別者を擁護し被差別者の心を踏みにじる」**ということです。

たとえば、私がＬＧＢＴなどセクシャルマイノリティの結婚について語ることはできますが、それはあくまで「自分はセクシャルマジョリティであり、自分が選んだ相手と結婚できる権利を持っている人からのポジショントーク」になってしまうと感じます。だからたいていの場合、その前置きをつけてから話すようにしています。

ただ、現状の性差別や性別によるバイアスの議論や意見を見ていると「〝たまたま〟できてしまった人のポジショントーク」が、正論の皮を被って「万人にその主張が適応されるべき」となっている空気を感じます。さらに「#NotAllMen」ではないですが、加害者はごく一部なのだから、被害を一般化するなという人たちがそのようなポジショントークを応援してしまう構図になっています。その原因はなんなのだろうかと、以前読んだ本などを引っ張り出してきてさらってみました。

アメリカなど多くの国では、ルール上、人種を問わず権利が与えられるようになってきたのはご存じの通りだと思います。ただ、いまだに人種間の収入格差がありま す。それに対して、収入の高い白人側からは「同じ権利をもってしても給料が低いのは、結局黒人の能力が低いことを示しているのではないか」との声が上がっています。でも、実際はそういうことではないのです。能力が低いのではなく「同じスペックだった場合に、黒人より白人のほうが有能だと認知される」というバイアスがその裏にはまだ残っており、それが結局、収入格差という形で表れているのです。

この話は、性別間でも同じではないでしょうか。たしかに、権利やルール上は女性も男性も平等になりつつありますし、実際うまいこと差別やバイアスに足を引っ張られずに成功してきた人はいると思います。だからといって、**バイアスがまったくないとみなされることや、いまだに存在する収入格差が属人的な理由に転嫁されるのは違**うのではないでしょうか。さらには、**実在する被害がなかったことにされてしまうのは、なおさら問題**だと思います。

『制度が整ってきたからこそ、高学歴・正社員の女性の就労や活躍の可否は、本人の意識や意欲の問題として理解される面が大きい。日本生産性本部の調査では、「女性社員の活躍推進上の課題」として、回答企業の4分の3が「女性社員の意識」を挙げている。(中略)そのような疑問に対し、フェミニズム系の研究者たちは、男性稼ぎ主モデルの社会では、主婦やケア労働、腰掛け的なキャリア選択が合理的になってしまう構造を指摘・批判してきた』——中野円佳『「育休世代」のジレンマ』(光文社新書)より引用

そう、たとえば「結婚して女の幸せに目覚めたから辞めるんだろう」とか「女性には活躍したいという意識が足りない」といったバイアスや差別の問題です。

「いやいや、でも実際に女性は、どんなに仕事をしていた人でも出産したら辞めるじゃないか」という意見も聞こえてきそうですが、私はその状況自体が差によって生み出されたものではないかと思っています。

つまり、男性が働くほうが給料が高く合理的だから、サポートに回ったほうが効率が良いという合理性をもって女性は仕事を辞めるのではないでしょうか。自分が出世するよりも、旦那が出世したほうが効率が良いからという合理性。そうした背景があっても「女性の意識が〜」という話になるのでしょうか？　意識をそいでいるのは、女性自身なのでしょうか。社会や仕組みなのでしょうか。

私はこの議論で女性の不遇だけを嘆いているわけではありません。ルール上男女平等になったとしても、女性へのバイアスは存在しますし、それはつまり男性へのバイアスも強く存在し続けていることをあらためて議論しなければいけないのかなと思っています。

たとえば、自殺者数は圧倒的に男性のほうが高い。2018年時点で、自殺者数は女性よりも約2・2倍も高くなっています。

『同時に、男性の長時間労働の流れも一九七〇年代後半から拡大していく。この時期、多くの社会が、男女の労働参画とそれを支える労働条件整備・家族政策の充実に向かったのに、日本政府は、「男性の長時間労働と女性の家事・育児プラス子育て後の労働条件の悪い非正規労働」という、一九七〇―八〇年代型ジェンダー構造を選択したのだ』――『現代思想　2019年2月号』「男性学・男性性研究＝Men & Masculinities Studies（個人的経験を通じて）」伊藤公雄より引用

やはり、周りの会話に耳をすませていると、まだどこか「男性性」にとらわれて、苦しんでいる男性が多いように感じてしまいます。

だからこそ、女性の無意識に消されている選択肢に目を向ける一方で、男性の無意識に消されている選択肢にも気を配りたいなと思います。

自殺者数の年次推移

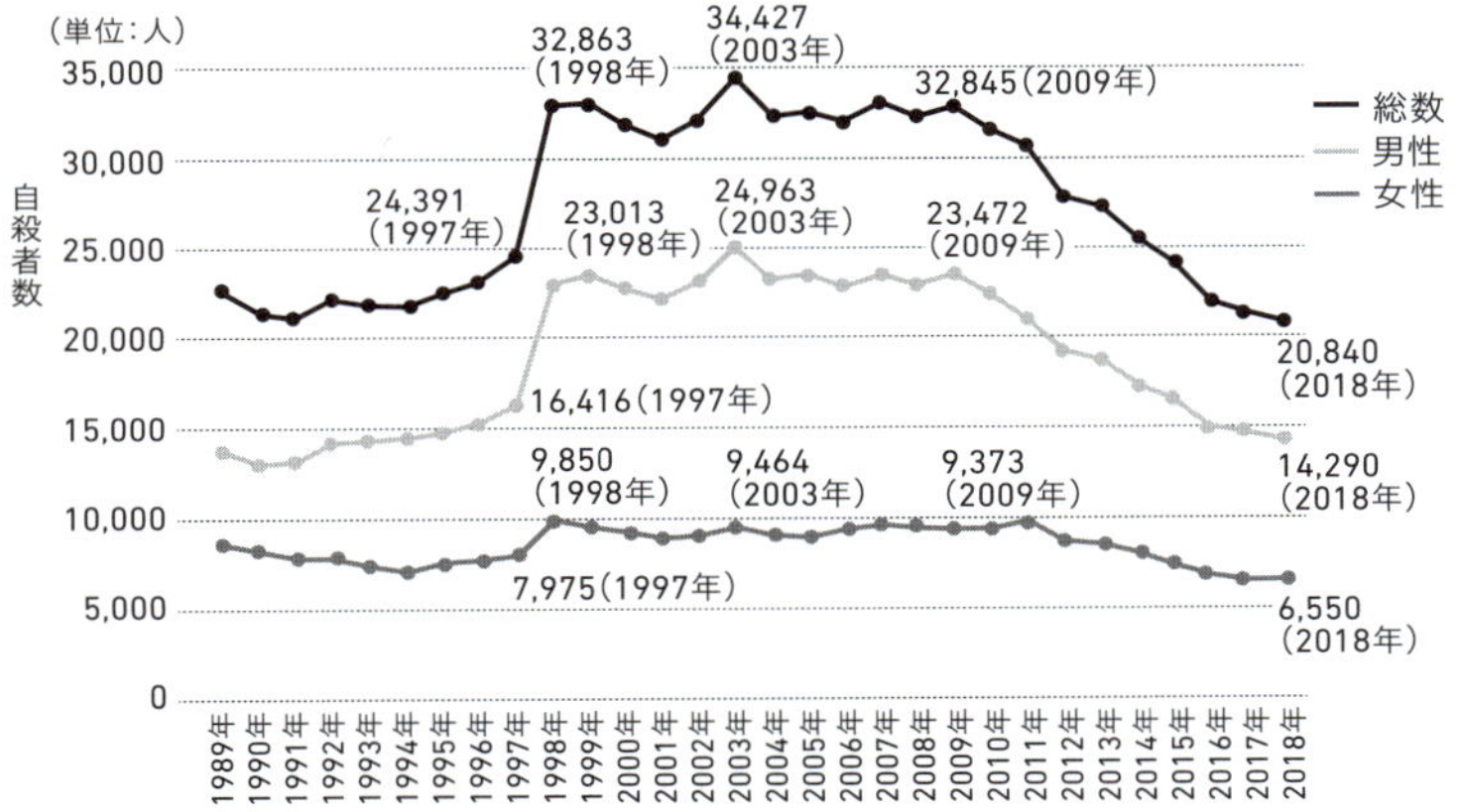

警察庁「自殺統計原票」より

たまたま私は性別に関係なく選択肢を多く持てた人間だと思っています。マジであり得ないほどのセクハラ男性こそ周りにいますが、実害はおっていませんし、性別関係なくエンカウントするやばい人としてカウントしています。

でもそれは、正直、私の実力というよりは性格などのパーソナリティ、そして運とタイミングが良かったとしか言えない気がします。だからこそ、**選択肢がそもそも運とタイミングによって左右されるようなものではなく、最初から万人にあって当たり前なものではないかということを、私の立場だからこそ冷静に見つめていきたい**です。

心地のよい不幸せ

〝自責〟〝他責〟という言葉があります。

〝自責〟というのは、自分で自分の過ちを責めること。また、自分に責任があると考えることです。これはビジネスの基本でもあり、自分で自分の人生を生きるための基本でもあります。ただ自責の傾向が強すぎると、すべての負担を自分で負って心が折れてしまったり、問題の解決から遠のいたりすることもあります。

その一方、〝他責〟は、思い通りに物事が運ばないときにそれを自分以外のもの、状況やほかの人などのせいにして責めることです。他責的だと、さまざまな取り組みを自分事化できず、スキルアップや物事の改善にはなかなか繋がりづらくなります。しかし、心のダメージは最低限にできるので、良くも悪くも省エネ的ではあります。

仕事柄、人のキャリアや人生について触れ、考えることが多くあります。そこで気になっているのが、口では「幸せになりたい」と言いつつも、実際の行動が不幸せにしか繋がらないであろう選択ばかりしている人が一定数いることです。

どういうことかというと、**ある程度の解像度で（その人なりの）幸せな選択があったとしても、それにかかる心理的な負担やコストを考えた結果、反射的に楽で不幸せな選択をしてしまう**ということです。これは心理学や行動経済学でも説明することができ「現状維持バイアス」、つまり変化して利益を得る可能性があっても現状維持のほうが良いとすることや、「損失回避性」といって同じ利益を得るより失うことのほうが苦痛を伴うこと、というように言われています。

一見不合理に思えるこの選択も、その場その場での心理的負担への許容値を考えると、ある種合理的ではあります。なぜなら、**心理的な負担への拒絶が強すぎると先々の利益ではなく、今この瞬間のとてつもない不快を受け入れられない**からです。

これを私は「心地のよい不幸せ」と呼んでいて、みんな口々に「幸せになりたい」と言いつつも、その場での心地よさを優先して不幸せを選んでしまうのです。いざというときに、今この瞬間の心地よさではなく、先々の幸せだったり、心地よさを優先できるような心の余裕は持っておきたいものです。

15歳からビジネスを始め、19歳で起業し、現在24歳となりました。人より少し早くから社会に触れていたおかげで、私たちの世代（ジェネレーションZ）がこれから直面する未来がどんなものなのか、自分なりに予測しようと努力してきました。

これからの社会は、今以上に情報オーバーロード社会になります。そんななかで、どんな選択をすべきなのか。「これまで」を踏まえた、私だけの「これから」の選択をしていきたいと思っています。

第 4 章

未来を知る

それでも選び続けなければならない

経済合理性と意思を両立させる

この本のなかでよく出てくるキーワードとして「経済合理性」が挙げられると思います。なぜこの単語が頻出するかというと、**人間は気を抜くとより楽な選択をする生き物であり、意思を持たないと経済合理性のあるほうに流れていく**からです。

だからこそ、私は経営者として経済合理性と意思の両立を大切にしています。強く意思を持てる人が不在になってしまった場合でも、経済合理性があればその状態で継続していく、ひいては文化として定着していく可能性が高いからです。

ただ、経済合理性が高いものが、多くの人にとって幸せなものだとは限りません。ときには、その仕組みをつくり上げた一部の人にのみ有利に働き、気づかない人から搾取する体制となっている場合もあると思います。

しかも、そうした経済合理性に則って判断することは、とても楽です。すべての選択が必然的で、自分で考える必要がないから。

そんななかで私は、**経済合理性を持ったうえで、今までの楽な選択を超える、より素敵な選択を自然につくり上げていきたい**と思っています。

選択の並存を目指す「illuminate」

現在、私が取り組んでいるのが「illuminate（イルミネート）」という生理についての選択肢を増やすプロジェクト。どこかタブー視されがちな生理のカルチャーを変えようと、1年ほど前から新たな生理用品・関連用品の開発に取り組んでいます。

きっかけは、私と同じ多摩美術大学に通っていた同級生の卒業制作です。彼女はジェンダーフリーの生理用品を卒業制作として企画していました。本人がLGBTを含めた性的マイノリティやジェンダーについて問題意識を持ち考え続けていたので、ジェンダーを限定せずに使えるシンプルな生理用品があったらいいと考え、私のところに商品化の相談が来たのです。

しかし、生産コストが思いのほか高く、さらには生産ライン（工場の機械のスケジュール）がすでに埋まっていたりなどプロジェクトは難航しました。苦心の末、大量生産が必要な使い捨て商品は大手メーカーとコラボレーションし、それ以外の商品は自社開発する戦略にたどり着きました。

そのうえで、画一的なラインナップになりがちな生理用品を「多様化」する試みとして、自社開発した商品も含めたさまざまな生理用品を網羅したセレクトショップを開く計画も進めています。

今の生理用品は文房具屋さんでボールペンしか売っていないようなものだと思います。鉛筆や万年筆を使いたい人も、ボールペンしか選択肢がない状態です。パッケージを見ても、〝女の子だから〟とピンクや花柄など似たようなものばかり店頭に並んでいます。この現状に違和感を覚えているのです。

商品のラインナップが増えれば、当然ながら実用的な面でも選択肢が広がります。

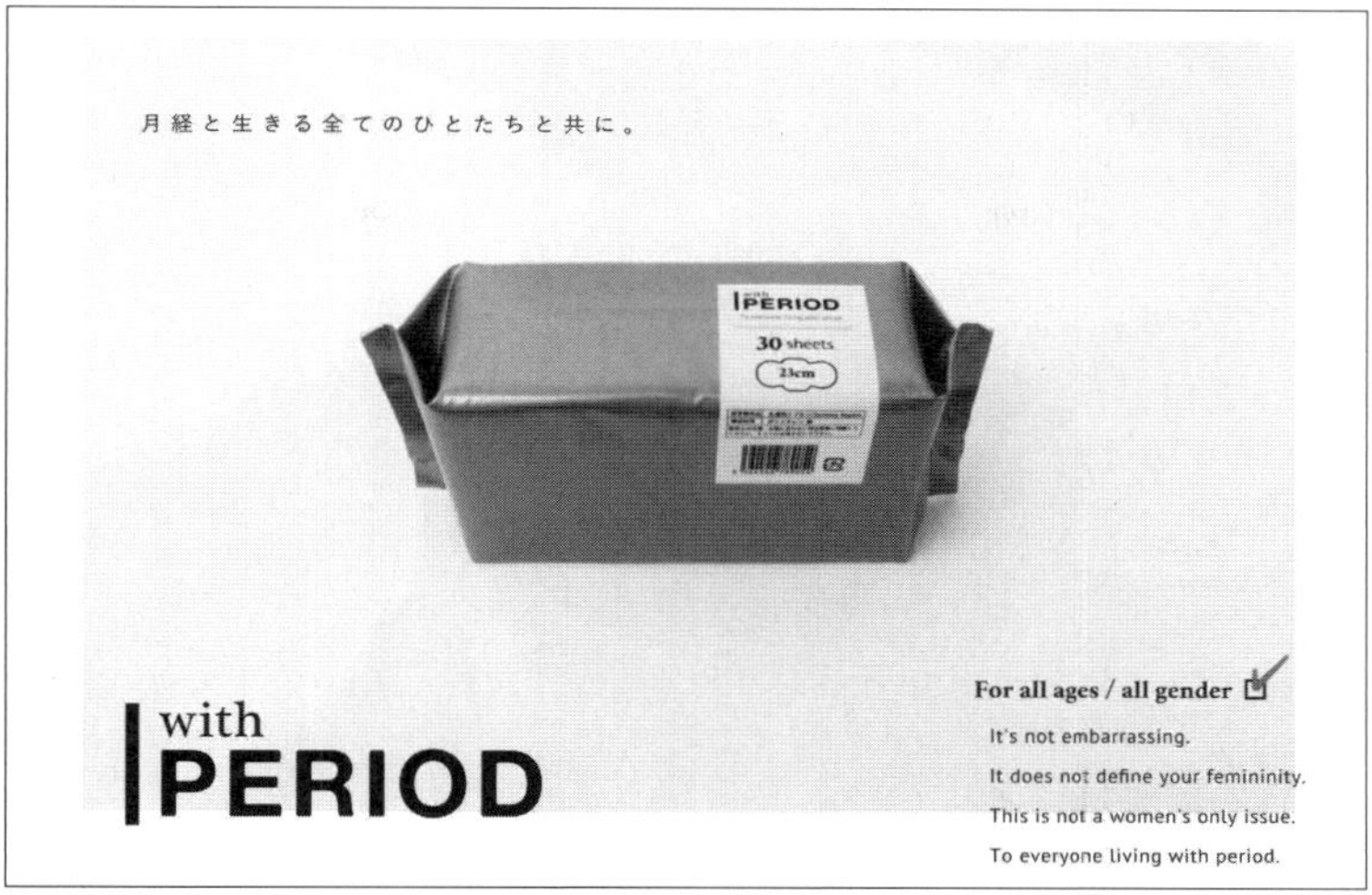

「illuminateプロジェクト」を開始するきっかけとなった友人の卒業制作

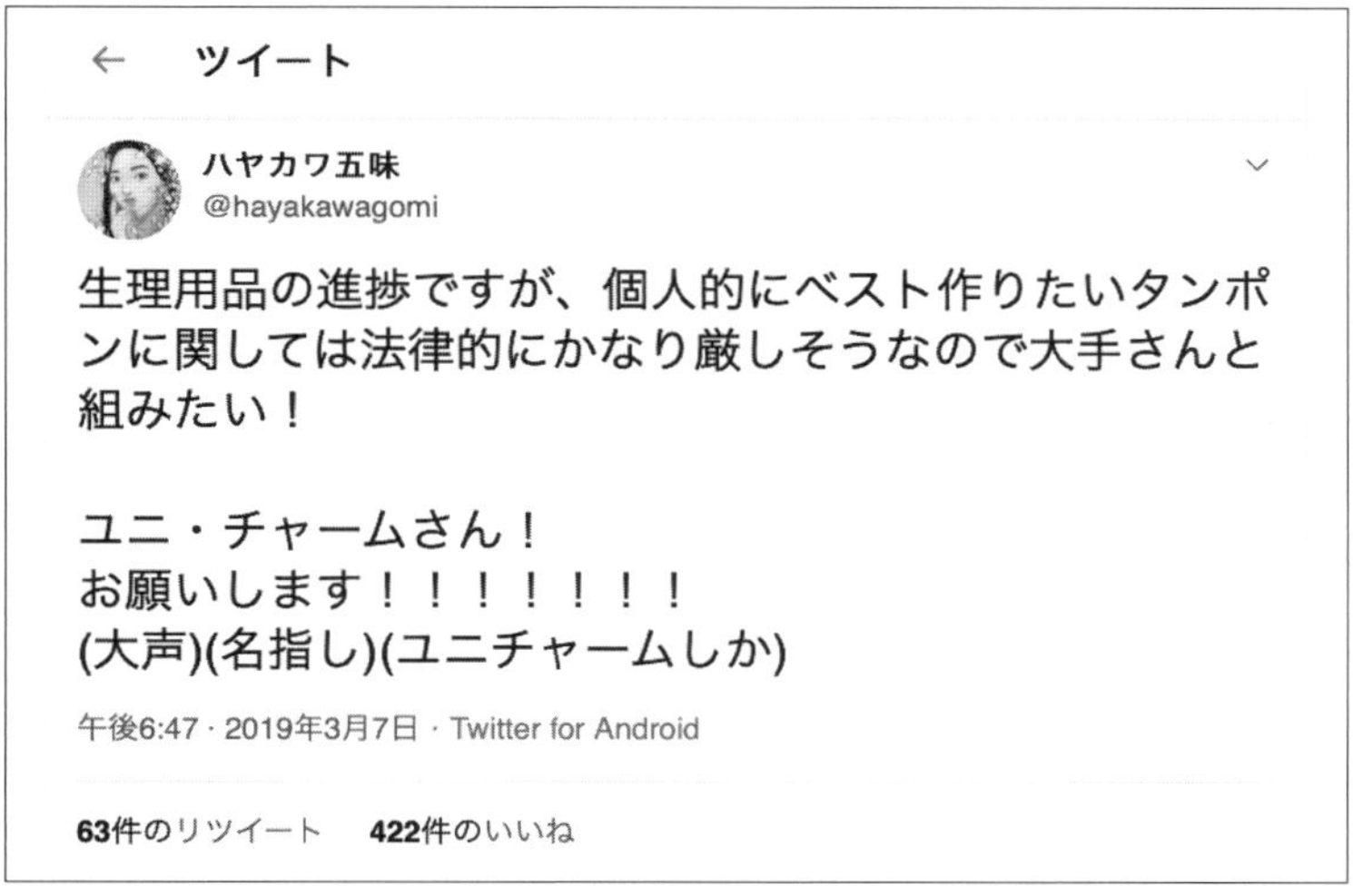

ユニ・チャームとのコラボレーション企画のきっかけとなったTwitter

そのためにも、生理がつらくてたまらないとき、「こういう商品もあるんだ」と手に取れる場所が必要ではないでしょうか。

たとえば、最近話題となっている月経カップ。これは漏れることも少ないし、1日1~2回の交換でよかったりするので、私は個人的に一番おすすめしています。でも、日本ではまだあまり売られていないので、怖いイメージを抱いている人も多いでしょう。だからこそ、いろいろな商品に気軽に触れられる空間をつくっていきたいのです。

生理については、男女間での認識の違いもあります。以前Webマガジン「tellingʼ」編集長とイベントで対談をさせていただいたとき、男性から「CMの青い水みたいにたくさん血が出るの?」「生理用品の羽根って、ギョーザの羽根みたいなもの?」という質問をされたという驚くべきエピソードをうかがいました。また、男性側から「女性が生理前に不機嫌になる理由がわからないけれど、聞いたら余計に怒られそうで聞けない」という声が一定数ある一方で、女性側からは「生理が重くても男性の上司には言えず、休みづらい」という悩みがあるとも聞きます。

illuminate

知る、選ぶ、考える。
今、私たちにできること。

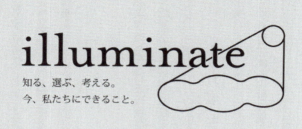

「illuminate」プロジェクトロゴ

私自身は生理が軽いので、正直言えば重い人の気持ちが理解できません。男性側に近い感覚なのか、女性の社員から相談もなく突然「休みます」と言われて「え？」となってしまうことも過去にありました。ただ、**そこでわからないものと切り捨ててしまえば、それ以上のコミュニケーションなど生まれません。ここで必要だと感じたのは「想像力」。自分にない痛みや気持ちをイメージすることができるか**だと思います。

つまり、生理については、女性同士でも十人十色で話題にしにくいのだと思います。そういう面は社会的にもっと話せるようにならないといけないし、社会が変わらないといけません。

生理は病気ではないので、不快な症状が出たとしても、「イライラしています」という個人的な問題と同じ文脈で語られやすいと感じています。でも、風邪をひいたら病院に行くように、自分の力でどうにもならない症状は病院に相談したほうがいいとも思います。

こういった意識改革は、先に述べたパッケージの改革にも繋がります。

医学が発達する前は、体内から血が出る生理という現象は「よくわからないから避けたほうがいいもの」と見なされて、タブー視されてきました。ドラッグストアで生理用品を買うと、商品が黒い袋に入れられるのも、そういった背景があるからでしょう。

けれど、情報が発達した今、変わっていかなければいけないのではないでしょうか。そして、「これからはこうあるべきではないか」という橋渡しをするのが私の役目だと思って動いています。

ユニ・チャームと連動してスタートした「#NoBagForMe」

「illuminate」と同時進行で取り組んでいるプロジェクトが「#NoBagForMe」です。

先にも挙げたように、これまで生理用品というと「隠さなくてはいけないもの」「人前に出したら恥ずかしいもの」というイメージを持っていた人も多いはず。そういったネガティブなイメージを払拭し、より良いパッケージの製品をユニ・チャームと共に開発することで、「生理用品は隠さなくていい」という選択肢の提示をしていこうとしています。

このプロジェクトには、「m·il·ieu（ミリュー）」の塩谷舞《しおたにまい》さんや、漫画『臨死!! 江古田ちゃん』でも知られる瀧波《たきなみ》ユカリさんなども賛同してくださっており、SNS上には「#NoBagForMe」のタグをつけて語られた女性たちの想いや、海外の生理用品の事例、新しい生理用品のアイデアなどが投稿されています。

世のなかで当たり前になっている「生理用品は隠すもの」「見えたら恥ずかしいもの」という概念を、私たちが生理用品を購入した際に「袋に入れなくていいです」と言えるようなパッケージをつくることで、少しずつなくしていけたら……。**生理に対するネガティブなイメージを、一人ひとりの行動で変えるきっかけになれば**と願っています。

購買という名の投票

私は高校生の頃からおよそ8年間にわたって小売りに向き合っているのですが、なぜここまで小売業に惹かれるのでしょうか。それはおそらく、購入するという行為自体がある種の投票であり、意思表示である点が大きいでしょう。

たとえば、現行の生理用品に納得いっていない場合、「もっと生理用品の選択肢がほしい」と公に宣言しなくても、わざわざｉｌｌｕｍｉｎａｔｅから商品を買えばいいのです。小さなことのように思うかもしれませんが、そこで購入したという事実が、大手企業や市場に対して私たちが意見をするときの強い武器になってくれます。実際に、私は「コンビニで購買する」という意思表示（＝投票）の大事さを何回か実感しています。

コンビニはPOSというシステムで常に売れ行きや在庫を管理しています。そのシステムのおかげで人気のある商品は多く入荷され、人気のない商品は入荷が止まる仕組みになっています。

私はコンビニで売っているいちごサンドイッチが大好きで、ある時期には毎日買っていました。ところが、出張でそのコンビニに1週間ほど行けずにいたら、大好きないちごサンドイッチが入荷されなくなってしまったのです。悲しい！　買うという行動で、いちごサンドイッチを店頭に並べさせていたのだなと感じる瞬間でした。

意思表示というと、大声で名乗りを上げるようなイメージがありますが、実はそれだけではないのです。**何かに対してお金を使う、「いいね」を押してみる、そういう**

一つひとつのアクションが実はとても大切な意思表示なのです。

社会に参加すること

「購買」という投票行動もそうですが、このところ自分自身のなかで社会に参加している意識が強まってきました。

これまで、国政とか外交といった類にはそこまで強い興味が持てなかったのですが、最近になって社会について話せる友人が増えたのがきっかけのように思います。

そういった広い意味での社会に一度でも目を向けると、どうして今まで目を向けてこなかったのかと驚きます。しかし振り返ってみると、社会について話すには、それらに詳しくなければいけないのではないかと考えていたことに思い至りました。

難しいからこそ、難しいことがわかる人しか話してはいけないし、にわかな知識で話すと怖い人から怒られそうだな……と、ある種、芸術などと似たようなハードルがあるなと感じています。

ただ、実際に国政や世界情勢に目を向けていると、ほんの数票の差で大きく結果が変わるような選挙なども見えてきます。ずっと、**「たった1票で世のなかが変わるはずがない」と思ってきましたが、逆に言えば、日本が民主主義国家である以上、そのたった1票をもって世のなかを変えていくしかない**ということです。実際、ある研究では、合理性のみで判断すると選挙に行かないという結果になってしまうそうですが、あえてそこを理性で飛び越えてみる、これもまたひとつの選択なのかなと最近は考えています。

ソーシャルジャーナリズム

最近、SNSの使い方について考えさせられています。

特に、情報発信について。

私は、AbemaTVの立ち上げ当初から「Abemaprime」という2時間生放送のニュース番組に毎週レギュラーで出演させていただいています。出演当初は特にニュースも興味がなく、「これでやれるのかな」と思っていましたが、回数を重ねるうちに「これまでなんて狭い視野で世界を見ていたのか」と反省させられました。

自分の意見のつもりで語っていたことでも、いざ詳細を知ると自分の言葉ではなく、どこかのニュースの受け売りだったりして、そこに考えや裏どりなどが一切なかったのです。

それに気づいてからは、日々勉強でした。どうして貿易と世界情勢が重要なのか、今の日本ではどのような政治が行われているのかなどなど、知らないことばかりでした。

社会のことや世界のことは、それらを理解している一部の人たちが難しい専門用語を使って議論をしているので、わからない人は参加しづらいでしょう。たとえ参加したとしても、自分の無知具合を目の当たりにすることになるからつらいものです。

だからこそ、論者が話していたことなどを鵜呑《うの》みにして自分の言葉にしてしまうようなことが起きるのですが、今このように情報を発信する立場になると、私自身の発言も、誰かの言葉になってしまうリスクがあります。

自分の無知を知るのは怖いし、恥ずかしい。そのうえ今は、検索することや論者の意見を引用することで、誰もが知ったかぶれる世のなかになっています。

そんな時代だからこそ私は、自分自身が報道媒体のひとつだと考えて、「AbemaPrime」などの番組はもちろん、SNSやそのほかの媒体での発言も含め、どのような情報を発信して、どのような情報は一度寝かしておくかなど、ジャーナリズム的な視点を常に持っておくようにしています。

インフルエンサーの責任とリスク

現在、私のTwitterのフォロワーは約7万人、Instagramは約9000人、YouTubeのチャンネル登録数は1万人ほどです（2019年9月現在)。新聞、ラジオ、テレビなどに毎週出ていてこの人数なので、一般認知度の割にフォロワーは少ないほうだと思っています。

ただ、私のSNSの運用方針として、**フォロワー数よりもファン数を重視する**ようにしています。

なぜフォロワー数よりもファン数を重視するのか。それは私自身、1年ほど前までフォロワー数(当時3万5000人程度)の割にファン数が少なく、ここぞというイベントのときや発信のときに乗ってくれる方が少なくて、とても苦戦したからです。ですがこの1年、特に意識的に発信を続けてきた甲斐《かい》もあり、顕著にファンが増えたように感じます。

まず、「Twitterでフォロワーを増やすぞ!」というときに勘違いしがちなのが「便利さとファンであることを同一視」してしまうことです。たしかに**便利な情報を日々発信していたらフォロワーが増えると思うのですが、その便利さを享受していることとファンであることは別**です。

自分のフォロー欄を見返してもらったら、きっと何人かは便利さゆえにフォローしている人がいると思います。では、その人が「イベントをやります！」「クラウドファンディングをします！」となったときに協力するかといったら、どうでしょうか？　その人が困り果てたときに、サポートしたい、力になりたいと思うでしょうか？

私だったら、あくまで便利さゆえにフォローしている、つまり利益を享受するためにフォローしているだけなので、そこに対してコストを払うとなったら話は別だなと感じます。ＬＩＮＥに登録しているビジネスアカウントを見直しても、あくまでクーポンのためにフォローしているアカウントは、それ以外ではあまり興味がありません。

また、**「見たい」と「見ておいたほうが良さそう」も別物**です。

これは私が1年前くらいまで勘違いしていた部分なのですが、フォロワーが増えてもアクティブでない場合はこの可能性が高いです。「世間的に有名な人だし、よく会話のなかで話題にもなるので見ておくか……」というやつですね。たとえば、普段の話題のために政治の情報を追っていたとしても、政治が大好きだとは限りませんよね。選挙に超注目しているかと言われても、またそれは別の話。そんな感じです。

ではファンとはなんでしょう？

自分が過去に「この人（モノ）のファンだな」と感じたものを思い返すと、「自分に利益がなくても好きだな」と思えた人（モノ）が浮かびます。きっと**「自分に利益がなくとも、好き」がファン**ではないかと思うのです。もちろん、ファンになった対象からは、笑顔とかいろいろ形のないものを受け取れはしますが、それがなかったとしても支えたい、応援したいのがファンである気がしています。

こういったことを踏まえ、ではどのようにしたらフォロワーではなくファンが増えるのかを考えてみましょう。

そのためには、先ほども書いた「便利とファンは違う」ということを常に心に留めておくといいかもしれません。

便利系アカウントは、より便利なアカウントが出てきた瞬間にリプレイスされます。なぜなら、便利さを求めているだけですから。

リアルでいえば「なんとなく都合がいい人」みたいなことになりかねないので、あまり人のためだけに生きるのはやめて、**まずは自分の人生を生きて、そのうえでほかの人にも共有したら良さそうなことがあった際に共有する**、くらいの気持ちでいいのではないでしょうか？

もちろん、狙うポジショニングによりますが、もし意思をもってアカウントを差別化していきたいのであれば、**批判を怖がらずに、まずは自分の思想をしっかりと言語化してみるのが大事**かもしれません。

そして、これは常に言っていることですが「ハヤカワ五味だったらどうかな？」というように、**一歩引いて自分のことを客観視し、自分という発信者が行ったらダサいなと感じることをしっかりと決めておく**といい気がします。

ＳＮＳの発信時に限らず、条件のとても良い仕事が降ってきたときなどは、誰しも判断力が鈍るもの。そういった際でも、自分がやる意味があるかどうかをジャッジするための判断基準をつくっておくといいかなと思っています。

これは思想の話にも繋がりますが、**現代はさまざまなSNSやメディアを通して、多面的にひとりの人間を見られる時代です。ですから、軸になる価値観や思想を統一しておいたほうが、見ている側も理解しやすく応援しやすいかと思います。**

もちろん、最低限その媒体に合わせたローカライズは大事ですが、基本の軸は自分で持つべきです。

起業家としての今までとこれから

実は、この原稿を書いている間にも、自分のなかの意識がさまざまにアップデートされていきました。特に大きな変化としては、仕事において数字をストイックに追う意識がとても強くなったことです。

というのも、2019年現在、日本ではいわゆるフェムテック（女性向けのテクノロジー事業等を包括して指す）をコアとしたベンチャー企業には大型の調達をしている会社がなく、ずば抜けたキープレイヤーが不在のように感じるからです。国内のベンチャーの傾向として、哲学と数字の両面に強いプレイヤーの数がかなり限られており、そのうえで女性のベンチャー起業家が少ないことや、女性のエンジェル投資家が少ないことなどが、その要因として考えられます。

しかし、今このタイミングでバリバリ売り上げを立てられるフェムテックベンチャーが登場して、そこを筆頭に各フェムテック企業が大型の調達をしていく流れが必要なのではないかと強く感じています。

私自身、気持ちや哲学ドリブンすぎて数字をまったく追えていなかったので、あらためてここで腰を据えて数字を追ってみる必要があると反省しています。結局、**ビジネスという土俵においては売り上げを立て、継続していくことが、哲学を実現する前段階の最低条件**だと思うのです。

というわけで、ビジネスモデルや数字の追い方などをさまざまな人に教えてもらっていくなかで、自分自身の経営者人生を振り返り、とても恥ずかしい気持ちになりました。今まで私は「なんだかんだ自分は才能があるし、経営者に向いている！」という気持ちが少なからずありました。でも、ビジネスや成長戦略的なことを学んでいくと、これまで自分が行ってきた手法の甘さが痛いほどわかってしまった。そして、よくこんな甘々な状態でやってこられたなという気持ちと、こんな甘々な経営を人様に見せ続けていたのかという恥ずかしい気持ちに駆られました。が、これもまた成長痛だと思うことにしました。

日々成長している人は、いつだって1ヶ月前、1年前は黒歴史だと思います。ただ、その黒歴史があってこその今なので、今後そういった成長痛が現れたとしても、笑って付き合っていきたいと思います。

「過去は変えられない」の本質

何かを否定する言葉は、簡単に自分のポジションがつくれるので便利なものです。ところが、使い方を間違えると自分の意見をはっきりさせるのではなく、むやみに後の自分の選択肢を狭めることになってしまいます。

というのも、「それは違うし、あり得ない」「ダサいと思う」といった、意見を装いつつも発言者を傷つける言葉たちは、後々自分が同様なことをやらねばいけなくなったときにブーメランとして返ってきて、自らを傷つけることになるからです。

たとえば、フリーランスの人が「会社員として働くことはダサいし、今どきあり得ない」と言ったとします。その後状況が変わり、社会保障などの観点から就職して働くほうが良さそうだと思ったとき、自分に降りかかってくるのは誰の言葉でもなく、自分自身が誰かに投げた鋭利な言葉です。そして、そういった言葉が自分自身の選択を妨げてしまうことは少なくありません。

ここで重要なのは、自分の意見が変わるのは悪くないということです。過去の自分の発言に自分自身が傷つけられたり邪魔されたりする瞬間もあると思いますが、**世のなかの状況は刻一刻と変わっているので、価値観も変化して然《しか》るべき**です。

それと共に、過去の選択のぬるさに自分で嫌気がさすこともあるでしょう。でもその選択も、きっとそのときの自分にはベストだったのだと思います。過去は変えられませんし、現在とでは状況がまったく違います。過去の発言やアクションに自ら足を引っ張られることは減らしていきたいですね。

それでも選び続ける

多くの人がインターネットを使い始め、これまでは出会うことのなかった人と出会うことが可能になりました。その一方で、もしかしたら出会うべきでなかった人との出会いも増えてきたのかもしれません。

前章でも述べましたが「表現の自由」とは難しいもので、誰にとっても快適な表現しかない世のなかならば、この言葉は生まれないのです。つまり、「表現の自由」が存在するのは、誰かにとって不快な表現が存在するからです。もちろん、法律に触れるものなどは避けるべきですが、インターネットがなかった時代であればアンダーグラウンドで、物理的に隔離された状態で楽しまれていたものも存在したのだと思います。

しかし、さまざまな表現の舞台がインターネットに移されていくなかで、今まで物理的にアクセスが不可能だった表現にも触れられるようになり、表現自体を苦手とする人にまで普及し始めています。

インターネットの登場で出会いや表現などさまざまな選択肢が増えましたが、その一方で、選べなくなっている選択や選びづらくなった選択が存在するのも事実です。情報が増えすぎたがゆえに自分に合った選択ができない人や、誰かの〝こうあるべき〟が押し付けられ、それによって選びづらくなっている人もいるでしょう。

また、〝選ぶ〟ことは、ひとつの意思表示であり、スタンスを表明することでもあります。それゆえに、場合によっては反対意見が飛んでくる可能性もあります。
ただ、それでも、私は選び続けたいのです。なぜなら、選ぶことでしか私は私の輪郭をつかめないし、自分らしさを定義づけられないからです。

生まれたときから自分らしさを見つけられている人なんているのでしょうか。**一つひとつ選んでいくことによって、自分の意思が定まっていき、その積み重ねによって自分らしさがつくられていく**のだと私は考えています。

だから私は、それでも選び続ける。選ぶということが、どんなに難しく大変なことであったとしても。

〝選ぶ〟ことは令和に生きる私たちに与えられた貴重な権利です。だからこそ、その権利を全力で、自分のために使っていきたいのです。

おわりに

私自身、自分の人生を自分で歩んでいる実感が湧いてきたのは本当にここ数年の話です。一つひとつの決定が、自分で選んでいるように見えて、実はどこか選ばされているという気持ちが消えず、最終的に結果が出た際に都合良く責任から逃れていたように思います。もちろん、責任を負うことはそれだけの精神的負担があるので、すぐにできるようになるものではないでしょう。ただ、その責任を負った先にしか、自分の意思で自分が決定した未来もないのではないかと思うのです。

自分のチップで戦っているからこそ、勝ったときは自分にすべて返ってきますし、負けたときはそのマイナスを自分で背負うことになる。ただそれだけのことです。

私はすべての人が自由に人生を送ってくれたらいいと思っているので、とやかく言うつもりはありません。ただ、もし得たいものがある人がいたら、その場合は自分のチップで戦ったほうが結果的に得られるものは大きいのではないかと思います。それが一時的には、精神的な負担があるものであっても、得たいものを得られるのはそれを超えられた人だけだと思うからです。

ただ、リスクを張るとしても、取らなくていいリスクや、明らかな負け戦というものも世のなかにはあります。たとえば、過去の人々が踏んできた失敗だったりとか、リスクに対してリターンがあまりに小さいものだったりとか。そのリスクを負うことで自分が倒れてしまうような重いものも、取らなくていいリスクだと思います。

私の取ってきた選択も、はたから見たら成功ばかりに見えるかもしれません。でも当事者としては、勝率でいうと人並みかそれ以下だと思っています。ただ、自分の持っているチップをいいタイミングで張って勝負に乗り、ときには勝負から降り、なんだかんだ長らくゲームの場に居座っていると思います。

実は、本を書くことをずっと避けていました。なぜなら、まだ人に何かを伝えられるほど大層な人生は歩んでいないし、まだ、ゲームの場に座り、勝負をかけたり、かけなかったりしている段階です。そのときそのときで考えることも常にアップデートされていくので、今この瞬間を残すことで後悔するのではないかなど出版を避けたのにはいろいろな理由がありました。

でも今回、こうやって書いている理由は、自分が今この瞬間考えていることや感じたことは、同じような境遇にいる人にとって価値あるものになり得るし、きっと1年もしたらこのときの感性や価値観は覚えていないだろうから、後から再現することが難しいと思ったからです。

しかも自分自身、今このタイミングでまさに経営者として次のフェーズに入ろうとしています。キリよく出すのがいいだろうと思いました。

本書を読んだ人のなかには、今まさにこのような本を必要としていた人や、今はそうではない人、もしくはもうすでに同じ道をたどってきた人などさまざまいると思います。もし読んでくださった人のなかの、人生のどこかの部分でこの本と交わる瞬間があったならば光栄なことだと思います。では、また次の本で！

ハヤカワ五味

ハヤカワ五味　Hayakawa Gomi

1995年、東京生まれ。多摩美術大学グラフィックデザイン学科卒業。
課題解決型アパレルブランドを運営する株式会社ウツワ代表取締役社長。

高校1年生の頃からアクセサリー類の製作を始め、プリントタイツ類のデザイン、販売を受験の傍ら行う。大学入学直後にワンピースブランド《GOMI HAYAKAWA》、2014年7月には妹ブランドにあたるランジェリーブランド《feast》、2016年11月にワンピースブランド《ダブルチャカ》を立ち上げ、Eコマースを主として販売を続ける。複数回にわたるポップアップショップの後、2018年にはラフォーレ原宿に常設直営店舗《LAVISHOP》を出店。2019年からは、生理から選択を考えるプロジェクト《illuminate》をスタート。

2019年7月よりセブンリッチグループにジョイン。

デザイン　小口翔平＋岩永香穂(tobufune)
帯写真　Takako Iimoto
編集協力　村上広大
DTP　アーティザンカンパニー
校正　麦秋アートセンター

私《わたし》だけの選《せん》択《たく》をする22のルール
あふれる情《じょう》報《ほう》におぼれる前《まえ》に今《いま》すべきこと

2019年11月28日　初版発行

著者　ハヤカワ五味《ごみ》
発行者　川金 正法
発行　株式会社KADOKAWA
〒102-8177 東京都千代田区富士見2-13-3
電話 0570-002-301（ナビダイヤル）
印刷所　大日本印刷株式会社

●お問い合わせ
https://www.kadokawa.co.jp/（「お問い合わせ」へお進みください）
※内容によっては、お答えできない場合があります。
※サポートは日本国内のみとさせていただきます。
※Japanese text only

定価はカバーに表示してあります。

ISBN978-4-04-064068-6　C0076